KB194503

나도 잘하는 게 한 가지는 있다

"여호와께서 온갖 것을 그 쓰임에 적당하게 지으셨나니…"(잠 16:4)

나도 잘하는 게 한 가지는 있다

초판 1쇄발행 2014년 1월 20일
2쇄발행 2014년 4월 25일
지은이 이승제 김훈중
발행처 예진

디자인 김혜경
삽화 이언경
편집 민선미 주향수

펴낸곳 예진
주소 서울 중구 필동2가 28-1번지
등록번호 제 301-2014-012호
전화 02-2285-2440

인쇄 한가람 프로세스

값 8,000 원

잘못된 책은 교환해 드립니다.

나도 잘하는게 한가지는 있다

그것을 찾아가는 7일간의 여행☆

이승제 · 김훈중 공저

예진

목차

「나도 잘하는 게 한 가지는 있다」를 미리 읽어보며 다음세대를 향한 동일한 과제를 가진 청소년 사역자인 저도 같은 마음으로 응원을 하게 되었습니다. 생생한 강의로 활동하시는 목사님의 책이기에 시리즈 강의를 글로 보는 느낌이었고, 이 책을 읽는 모든 분들이 이 책의 마지막 부분인 인생의 하이라이트를 마칠 때쯤에는 2박 3일의 세미나 일정을 마친 것 같은 뿌듯함이 생길 것입니다. 저 또한 제 자신에게 말해봅니다. "우현아 너도 잘하는 것이 있단다."

징검다리 대표, 청소년 사역자 **임우현 목사**

이승제 목사님의 강의를 들으면 세대 간의 소통, 관계의 이해를 유쾌하게 경험하게 됩니다.

학교 현장의 교사로서, 두 아이의 엄마로서 그 시원한 강의가 책으로 나오게 되어 무척 기대되고 기쁩니다.

다양한 읽기와 워크숍으로 진행되는 이번 책은 우리 삶의 주요한 질문들을 하나님의 관점으로 이해하는 입체적 책 읽기를 경험하게 해 줄 것입니다.

국제 기독학교 LboT(Life based on The Truth) **장혜주 교장**

본 저서는 다음 세대를 걱정하고 사랑하는 목사님의 마음이 곳곳에 묻어나는 책입니다.

물론 고민하는 청소년과 대학생을 대상으로 쓰여진 책이지만, 오히려 사랑하는 자녀를 둔 모든 부모님들과 이들의 고민을 함께 하는 선생된 분들에게 이 책을 권하고 싶습니다.

그래서 세상의 소리가 아니라, 우리를 사랑하시어 "한사람 한사람의 이름을 손에 새겼다"고 말씀하시는 하나님의 음성을 우리 모두 듣기 바랍니다.

KMAC(한국능률협회컨설팅) **유 훈 팀장**

나도 잘하는 게 한 가지는 있다

“오늘 강의하신 자료 좀 얻을 수 있을까요?”

“오늘 설교하신 내용 좀 제 이 메일로 보내주실 수 있으세요?”

자기 꿈을 발견하는 지침 정도 되는 평범한 강의였음에도 가는 곳마다 보여주는 반응들이 좋다. 이 시대에 자기 꿈을 발견하고 실현하기 위한 강연과 책들이 얼마나 많은가! 그럼에도 사람들은 아직도 뭔가 풀리지 않는 갈증이 있음을 보여준다.

사람들이 꿈을 발견하고 실현하도록 돕는 강의를 내가 하게 된 경위는, 25년째 청소년 및 대학생들과 소통하는 직업을 갖고 살면서 가장 많이 받는 상담 질문이 진로에 관한 것이었기 때문이다.

“저는 앞으로 무엇을 해야 할지 잘 모르겠습니다. 도와주세요.”

“성격검사나 적성검사를 해 보면 제게 알맞은 직업을 알 수 있을까요? 어떤 검사가 좋나요? 추천해 주세요.”

어떤 일에도 관심이 없는 자녀를 둔 부모님은 애가 더 탄다. 무엇인가 하고 싶은 것이 있어서 열심히 사는 것처럼이라도 보이면 좋을 텐데 하는 바람들이시다. 그러나 자녀들에게도 자기 입장이 있다. 행여나 하고 싶은 게 있어서 말씀을 드리면 이러신단다. “그런 거 배울 돈이 어디 있니?", "지금 네 성적에? 기가 막히다.", "그게 얼마나 힘든 일인지 알고나 하는 소리니?" 그런 반응이 올 것이 뻔해 말을 아예 안 한다고 한다.

자신의 미래에 대한 걱정은 청소년만의 이야기가 아니다. 중년인 어른들도 찾아와 이야기를 나누다보면 진로에 대해 고민하는 것을 줄곧 보게 된다. 여러 가지 경우들을 접하면서 내가 내린 결론은 이런 고민은 일생을 통해 계속 된다는 것이다.

진로에 대한 고민을 한 번이라도 해 본 학생이라면, 자신의 삶을 위해 이 책과 함께 일주일을 하나님과 깊이 동행해 보기를 권한다. 책을 쓰기 전에 몇몇 학생들에게 자문을 구하니, 책이 너무 두껍지 않았으면 좋겠고, 재미있으면 좋겠고, 그림이 많아 이해하기 쉬우면 좋겠다고 했다. 세상에 그런 것이 어디 있나 싶다가 내 자녀들에게 쓰는 책으로 생각하고 최대한 그 눈높이를 맞추어 보려고 시도했고, 생동감을 불어넣고 싶어 여러 영상을 사용했다. 그럼에도 책이 재미있지만은 않다. 솔직히 조금 심각하다. 만약 쉽고 재미있게 누워서 만화책 보듯이 읽다가 자기 꿈이 발견되었다 한다면, 그렇게 쉽게 발견된 꿈에 자신의 일생을 걸 사람이 있겠는가?

계시와 가장 비슷한 말은 비전인데, 비전은 하나님이 보여주시는 것을 말한다. 비전은 하나님으로부터 오고, 하나님이 보여주신 만큼만 볼 수 있다. 비전은 책을 많이 읽는다고 해서 혹은 여러 지식을 합친다고 해서 생기는 것이 아니다. 이 책은 하나님이 주신 우리의 이성과, 의지 그리고 그 위를 덮으시는 하나님의 절대 은혜 가운데 이 땅에 나를 보내신 비전을 발견하는 데 그 목적이 있다.

하나님은 인생이라는 여정 속에서 내가 찾아갈 곳의 지도를 주시는 분이 아니라 방향을 주시는 분이다. 그러므로 이 책을 읽으면서 내 손에 바로 잡히는 어떤 특정한 직업을 알고 바라는 것보다 더 중요한 것은 삶의 깊은 기초를 든든히 세우고자 하는 마음이다. 그럼 효과적으로 이 책을 사용하는 방법을 따라 내 일생 한편의 귀한 모퉁이 같은 일주일을 투자해 보길 권한다. 간절히 사모하는 만큼 하나님께서 눈을 열어 보여주시길 기도한다.

2014년 1월

다음세대와 다리가 되고 싶은 이승제 목사

'내가 무엇을 좋아하고, 무엇을 선택해야 행복한지 알고 싶다'는 질문을 받을 때마다 무척 난감하다. 그 질문을 던지는 그 사람만큼 자기 자신을 잘 아는 사람이 누가 있겠는가? 그런데 그 사람이 모르겠다면 과연 그 누가 그것을 알 수 있겠는가?

이런 고민들은 청소년을 넘어 대학과 전공을 선택해서 4년 가까이 공부를 해온 대학생들도 대답을 하지 못하는 경우가 많이 있다. 자신과 맞지 않는 전공을 선택한 친구들의 고민은 더욱 심각하다. 졸업을 위해 버텨야 하는 경우도 많고, 뒤늦게 전공을 바꾸거나 다시 대학을 들어가는 경우도 많다.

이런 답답함과 혼란 속에 살아가는 초, 중, 고, 대학생들, 심지어 부모님들까지도 우리의 현실을 새로운 눈으로 바라보며 그 이유를 찾을 수 있다면 좋겠다.

나는 하나님을 아버지라고 부르게 하시고, 일용할 양식을 구하라고 하신 예수님의 말씀을 좋아한다. 하나님은 하나님을 아버지라 부르며 일용할 양식을 구하는 사람에게 일용할 양식을 분명하게 주신다고 약속하셨다. 정말 놀랍지 않은가? '무엇을 먹을까, 무엇을 마실까, 무엇을 입을까'의 문제는 염려하지 말고 빨리 초월할수록 좋다. 그리고 '나는 무엇을 잘할까, 하나님의 놀라운 계획은 무엇일까, 그것으로 어떻게 이웃을 사랑할까' 를 구할 때, 하나님의 나라와 의를 먼저 구하는 인생이 될 수 있다.

우리 집에서 자라고 있는 네 명의 아이들이 '무엇을 먹을까, 무엇을 마실까, 무엇을 입을까' 를 걱정하는 모습을 보지 못했다. 아이들이 당당하게 '고기 사줘!' 를 외칠때마다 사주지 못해도 그들의 요구에 얼마나 기쁘고 좋은지 모른다. 혹시라도 아이들이 오늘 아침 밥을 주실 수 있는지를 걱정한다면 얼마나 가슴아프고 불행할까 생각해 보기도 한다. 나의 바램은 아이들이 먹는 걱정은 아빠에게 맡기고, '무엇을 하고 놀까, 누구와 놀까, 무슨 책을 읽을까, 커서 뭐가 될까' 등의 이런 고민을 했으면 정말 좋겠다.

마찬가지로 이 책을 읽는 사람들이 하나님께서 각 사람을 얼마나 놀랍고 독특하고 고유하게 지으셨는지 발견하고, 하나님의 아들과 딸로서 마땅히 해야할 고민을 할 수 있기를 기도한다. 하나님 아버지 마음을 들뜨게 하는 고민을 할 수 있기를 바란다. 누구나 그렇게 살 자유와 권리가 있다.

2014년 4월

새로운 리더들의 등장을 꿈꾸는 김훈중 목사

이 책은 여러 사람의 재능기부로 만들어졌다. 김훈중 목사님은 이 책 2장과 3장 내용의 경제흐름과 세계관에 관한 글의 뼈대를 이루어 주셨고, 아내는 옆에서 누구도 해줄 수 없는 쓴 소리와 함께 전체 글을 봐 주었다.

책 편집 디자인은 예진디자인 사장이신 김혜경님이 직접 해주셨다. 글 전체의 교정과 문맥은 주향수님이, 삽화는 이언경님이 수고해 주셨다. 특히 이 세 분은 학창시절 나와 함께 문화로 세상을 바꿔보자고 디자인과 글을 들고 세상에 뛰어들었던 학생들이었는데 지금은 성숙한 사회인으로 각자의 커리어로 활동하고 있지만, 이 책을 만드는 일로 뭉칠 수 있게 되었다.

강의할 때 사용하는 삽화들은 큰 딸이 시험 기간임에도 불구하고 그려 주었고, 요리사 지망생인 아들은 힘내라고 요리와 세미나에 대한 아이디어를 제공, 우리 집 마지막 청소년인 막내딸은 글을 읽으며 청소년이 혼자하기에 좀 어렵다는 피드백을 주어 더 쉽게 쓰도록 격려해 주었다.

6년 동안 내가 담당했던 보배로운교회 고등부 학생들은 이 글을 쓰게 만든 장본인들이다. 사역을 맡은 첫 해는 황당함에 어떻게 해야 하나 하는 생각이 들었었다. 그러나 결국 내게 청소년 사역의 희망을 보게 했고, 청소년 사역은 재미로 하는 것이 아니고 말씀으로 하는 것임을 알게 해주었으며, 학생들은 실제로 워크숍에 참여해주었다. 늘 함께 해주신 고등부 교사들의 헌신은 나를 돌아보게 하는 거울과도 같다.

한분 한분께 감사를 전하고, 내게도 이 땅에서 살아갈 이유를 주신 하나님께 모든 영광을 올려 드린다.

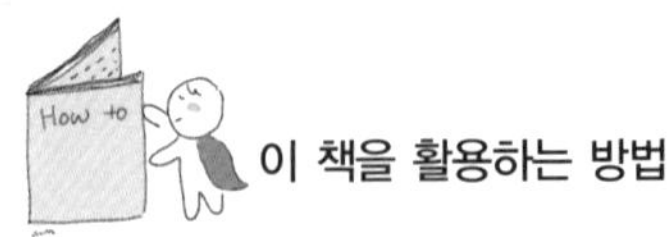

이 책을 활용하는 방법

❶ 7일간 하루에 한 시간씩 투자하라. 책은 전체 일곱 계단으로 되어 있다. 하나님이 천지를 창조하신 7일을 기억하며 한 계단씩 오르라.

❷ 책은 글 읽기와 워크숍으로 구성되어 있다. 시작한 첫 날은 첫 계단 즉 앞부분 1~5장까지의 글을 생각하며 읽으라. 다소 딱딱하나 워크숍의 기초를 이루는 부분이다. 나머지 6일 동안 충분히 기도하면서 하루에 워크숍을 하나씩 해 나가며 하나님이 비전을 보여주시길 사모하라.

❸ 이 책을 개인이 묵상하며 사용할 수 있다. 한편으로는 몇몇 친구들과 함께 읽은 내용을 나누며 사용할 수도 있고, 멘토와 학생이 1:1로 묵상하며 나누는 교재로도 사용할 수 있다. 중학생, 고등학생, 청년회 수련회에서 말씀을 듣고 오전, 오후에 묵상하며 워크숍으로 진행할 수도 있다. 가장 중요한 것은 이 책을 손에 든 여러분이 자신의 꿈을 찾고자 하는 간절함이 있어야 한다.

❹ 시청각을 활용하기 위하여 영상을 인용했다. 이 영상들은 일반

적으로 유투브에 공개되어 있는 것들이다. 모든 영상의 내용이 잘 다듬어지고 멋진 것만은 아니지만, 신선한 메시지를 담고 있는 것들을 최대한 인용했으며, 전하고자 하는 내용에 부합되는 것이라면 사용했다. 책에 삽입한 QR 코드를 스마트폰으로 찍으면 바로 볼 수 있다. 먼저 설명의 글을 읽고 시간이 되면 영상을 확인하는 방식을 사용하라. 시청각 자료는 직접 보지 않아도 이해할 수 있지만, 입체적 이해와 확인을 위해 넣었을 뿐이다. 폰의 종류에 따라 다르지만, QR코드를 읽을 수 있는 공짜 어플들이 많다. 어플 찾기에서 'QR코드리더'라고 찍어 보면 여러 개가 나온다. 그 중 하나를 선택해서 다운받아 시도해보라.

QR코드 연습 (주는 것이 최고의 커뮤니케이션이다.)

〈첫째 날〉

1장~5장까지 읽기

Chapter
One

제1장 답이 어려운 이유

"나는 무엇을 하면서 평생을 살아야 하는가?" 답이 무척 어렵다. 답이 쉽지 않은 이유는 이 문제가 성격, 적성, 직업에 관한 것이 아니고, 그 바탕에 "인생이란 무엇인가?", "왜 사는가?"라는 삶의 근본적인 질문을 내포하고 있기 때문이다. 어쩌면 세상에서 가장 어려운 문제 중 하나일 것이다. 그렇다고 하여 길이 아주 없는 것은 아니다. 내용이 조금 딱딱할 수 있지만, 심사숙고하면서 5장까지 읽어보자.

Wonderfully fearfully made

나는 어린 시절부터 청소년 시절까지 자신감 없고, 쉽게 상처 받는 성격으로 대중 속에 숨어 지내던 사람이었다. 무엇보다 사람들 앞에서 내 의견을 용기 있게 발표하는 것을 어려워했다. 수업시간에 손을 들고 "저요."를 해 본 적이 없다. 지금이라고 다 극복된 것은 아니지만 어린 시절은 엄청 심했다. 학창 시절 교실 구석에 앉아만 있었던 나를 동창들 중에 기억하는 사람이 거의 없다. 학교 화장실도 이용할 줄 모르는 숫기 없었던 나는, 그런 왕따 같은 내면의 상처 때문에 역으로 사람의 마음에 관심을 더 갖는 사람으로 자라났다.

세월이 흐를수록 나 자신의 변화에 갈급하다가 자원해서 상담소를 찾게 되었고, 한 가지 사실을 알게 되었다. 그것은 내가 이 땅에 태어날 당시 나는 가족과 세상으로부터 그리 환영받지 못했다는 사실이며 그것은 내 인생에 계속해서 안 좋은 영향을 미치고 있음을 알았다. 나보다 먼저 태어난 형은 영아 시절 나오지 않는 젖을 빨다가 영양실조로 죽었고, 26세에 돌아가신 누님은 일평생을 소아마비와 정신지체로 살다가 돌아가셨다.

그 후 어머님은 절에 가서 100일 기도해서 나를 얻으셨다 했지만, 내가 어머니 뱃속에 잉태되었을 때는 부모님이 기대하는 아이라기보다 말 그대로 뜻밖의 아이였고, 부모님께 짐이 되었을 것은 쉽게 상상할 수 있다. 나 자신의 약한 자존감에 대한 긴 시간의 탐구 끝에, 그 원인의 뿌리가 거기에 있음을 내 나이 40이 되어서야 알게 되었다.

그럼 40세가 되도록 인생을 못 살았는가하면 그렇지도 않다. 청소년 시절까지 누구의 기억에도 없는 존재로 살았지만, 대학 입학 이후 그 열등감이 오히려 '열심'이라는 삶의 형태를 형성해 갔던 것 같다. 누군가에게도 내 과거에 대해서 거의 이야기 하지 않다가 문제와 약점이 없는 사람이 없음을 깨닫고는 내 과거에 대해 개방적인 사람이 될 수 있었다.

문제가 없을 것 같은 여유 있는 집안에서 태어나 인격적인 대우를 받으며 자란 친구들은 자신의 삶에 뭔가 하고 싶은 열정이 없는 것이 오히려 문제임을 보았다. 세상 모든 사람들이 자신에 대해 고민하는 것을 보면서 인간 자체의 약함을 보았고, 큰 상처가 있는 사람, 큰 약점이 있는 사람들이 오히려 '위대한 콤플렉스'로 인해 큰 사람이 되는 것을 수많은 전기에서 읽으며 나는 용기를 갖게 되었다. 풍요로움보다 결핍이 삶의 야성을 불어 일으키며 비전을 창출해내는 예를 많이 보았던 것이다.

인간은 환경에 영향을 받는 존재임이 틀림없다. 그러나 인간은 완벽한 환경 속에서도 빗나간다. 아담과 하와를 생각해 보라. 에덴동산보다 완벽하고 부족함 없는 환경이 있겠는가? 그래도 그 둘은 선악과에 손을 대었다. 반대로 악독한 환경에서 천사 같은 사람이 나오기도 한다. 그러니 하나님은 우리에게 주는 환경의 영향만큼 "그만큼만 하고 살라"고 만든 것은 아니라는 사실을 짐작할 수 있다.

같은 취미를 갖고 있는 사람일지라도 그 취미를 갖게 된 이유가 각각 다르고, 같은 일에 뛰어들었는데 그 일을 통해 성취하는 바가 각각 다르다. 인생은 어떤 틀로 유형화할 수 없고, 한사람 한사람은 각각의 존엄성을 갖는다.

이 글을 읽는 사람 중에 머리가 명석하지 못해 실망하는 사람이 있는가? 당신의 아이큐가 좀 낮아도 지구상의 모든 동물 전체를 합친 지식보다 당신 한 사람이 더 큰 지식과 지혜를 갖고 있으며, 당신은 어떤 하나의 유형으로 완벽히 정의 내릴 수 없는 개성 있는 사람이다. 인체의 신비로움은 통계를 통해 다시 말하지 않아도, 당신은 신묘막측(Wonderfully fearfully)하게 창조된 놀라운 작품임엔 틀림없다. 그래서 이 엄청난 창조 작품인 사람에 대한 연구는 계속해서 나오고 있는 것이다.

의학의 대부분 내용이 우리 몸과 질병에 관한 것이고, 수백년간의 의학 연구 끝에 우리의 생명을 연장시키는 단계까지 와있다. 얼마 전에 본 신문에 방금 태어난 평범한 갓난아이를 보여주면서 이 아이의 시대는 평균수명이 120세가 될 것이라는 설명이 붙어 있었다. 불과 200년 전 인간의 평균수명은 50세 안팎이었다. 60세를 살면 장수로 인정되어 온 마을 가족이 잔치를 했는데 이젠 그 두 배 이상 사는 것이 평균수명이 되었다는 것이다. 우리 몸에 대한 눈부신 연구 결과이다. 맨 눈으로는 볼 수 없는 세포, 세포속의 DNA 코드까지 풀었다. 인간의 지혜와 기술의 발달은 대단하고, 인간이라는 위대한 작품에 대한 평가서와 연구는 많은데, 이 위대한 인간이란 작품이 왜 만들어졌는지 모르는 게 우리의 문제다. 그럼 좀 더 깊이 우리의 존재감을 생각해 보자.

인간이란 어떤 존재인가?

인간의 존재에 대한 단면을 돌아보게 하는 한 프랑스 공익영상을 본 적이 있다. 그 영상은 "내가 이 땅에 태어나게 된 것이 얼마나 운이 좋았는가?"로 시작해서, 그 행운을 담배로 날리지 말라고 마무리하는 계몽영상이었다. 계속되는 화면은 내가 이 땅에 존재할 수 있는 확률을 우주의 탄생 중 지구 속 생명체가 존재할 확률 '수천조 분의 일', 거기에서 또 '수백억 분의 일'의 통계적 접근을 반복하다가 마지막으로 아빠 몸에서 방출된 정자들로부터 엄마의 몸에서 수정체로 만들어져 생명의 시작이 될 확률 '2억분의 1' 인 기적 같은 확률로 보았으며, 그렇게 이루어진 집약체가 현재의 '나' 라는 존재이다. 이런 역사 속에서 오늘에 존재하는 나 자신의 존재감을 생각해낸 인간은 참으로 대단하다. 그런데 나의 존재가 우연히 있는 것이 아니고 필연임을 암시하면서도 인간은 자신이 가지고 있는 모든 지혜로도 자신이 왜 이 땅에 있는지 알지 못한다. '만물의 영장', '우주를 정복하다', '줄기세포를 통한 생명연장' 등 인간의 업적을 들면서 대단한 수식어를 붙여도 인간은 정작 자신의 시작도 끝도 알지 못한다. 왜 그토록 엄청난 우주의 비밀, 기발한 기계를 만들어 내고 우주까지 여행을 하는데도 정작 자신이 왜 태어났는지, 무엇을 위해, 무엇을 하며 사는지 알 수 없는 것일까?

(지금 내가 존재할 확률)

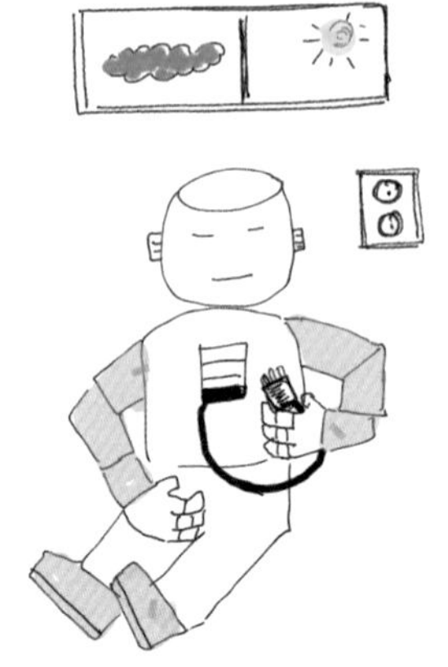

이런 그림을 본 적 있는가? 전기를 충전 받아야 하는 로봇이 자신의 몸 속에서 충전 선을 꺼내어 자신의 몸에 있는 콘센트에 꽂는 그림이다. 아무리 오래 꽂고 있어도 결코 충전되는 일은 없을 것이다. 답을 모른 채 태어나 어디로 가는지도 모르는 존재인 우리가 그 답을 자기 계발, 자기 명상, 자기 묵상을 통해 알아간다는 것은 모순이다. 경건과 묵상으로 인격수양과 철이 드는데 도움을 얻을 순 있지만, 우리가 알고 싶어 하는 근본의 답은 결코 얻을 수 없다.

화제를 조금 바꾸어보자. 어른들은 요즘 청소년들이 아무 생각 없이 산다고 이야기한다. 하지만 청소년들과 대화를 해보면 아무 생각이 없는 것이 아니고 기성세대와 다른 생각, 다른 표현을 하고 있음을 발견하게 된다. 오히려 '돈' 외에 아무 생각이 없는 쪽은 기성세대가 아닐까 싶기도 하다. 아무리 생각 없이 산다고 해도 인간은 나면서부터 마음 한 구석에 세 가지 질문을 가지고 있다.

인간이 수백 년을 연구해 온 세 가지 질문은 다음과 같다.

첫째, 인간은 어떤 존재인가? 혹은 나는 어떤 존재인가?

둘째, 인간의 문제는 무엇인가? 혹은 나의 문제는 무엇인가?

셋째, 문제 해결을 위해 무엇을 해야 하는가? 혹은 무엇을 하며 살 것인가?

만약 위 질문에 대해 자신만의 명확한 답을 갖고 있지 않다면, 들은 대로 답하고 그 답을 만든 사람의 생각대로 살게 된다. 세상에서 물건을 팔고 사는 사람들도 모든 철학, 심리, 예술, 기술, 학문을 동원해 자신의 물건을 어떻게하면 잘 팔 수 있을지 궁리를 한다. 단순히 물건 소개만 하는 것이 아니라 철학을 담는다. 특히 마케팅을 하는 사람들은 위의 세 질문에 무엇이라고 답하는지 살펴보자.

요즘 가장 열띤 상품경쟁은 모바일 상품일 것이다. 가장 기발하게 자기 물건, 기술을 자랑해야 한다. 그중 최고봉은 예전 한 통신사의 광고 문구인 "생각대로 해. 그게 답이야!"라고 광고한다. 다분히 충동적이고, 내 자신이 세상의 중심이라는 시대의 'Me' 철학을 반영한 광고이기 때문이다. 광고에서는 우리 인생의 답이 자신의 머릿속에 이미 있으니 생각대로 하라고 말하고 있는 것이다. 내 속에 이미 답이 있다면 우리는 고민할 필요도 없고, 실수를 반복하거나 결정할 때 갈등할 필요가 없지 않은가?

어떤 게임기 회사의 30초 광고를 보자. 산부인과에서 출산이 임박한 한 여인의 고통을 보여줌으로 광고는 시작된다. 산모의 비명과 함께 갓난아이가 어머니 뱃속에서 튀어나와 병원 유리창을 깨고 하늘로 날아간다. 하늘로 솟구치면서 무서운 속도로 성장한다. 속옷 하나 걸치지 못한 모습으로 계속 날아가며 몸이 자란다(영상 확인하고 싶지?). 성장은 곧바로 성숙을 넘어 늙음으로 이어지다가 추락하는데 떨어진 장소가 딱 무덤이다. 그리고 검정색 바탕화면에 X자를 그으면서 자신의 회사를 광고하고 광고문구가 뜬다.

"Life is short, Play more"(인생은 짧다. 더 놀아라). 정말 게임 회사다운 답이다. 그런데 이 광고에는 우리 회사 제품을 사라는 것 이상의 철학이 담겨 있다. 위에서 말한 세 가지 질문에 대한 답을 주고 있는 것이다. 인간은 어떠한 존재인가? 인간은 유한한 존재이다. 인간의 문제는 무엇인가? 인간의 문제는 생명이 짧다는 것이다. 그 문제를 해결하기 위해서는 더 노는데 있다는 답을 하고 있고 나름 논리가 있다.

(XBOX 광고)

정신적 지주가 되고 있는 철학자들은 인간에 대해 어떻게 생각했을까? "나는 생각한다. 고로 존재한다.", "인간은 생각하는 갈대다." 인간이란 생각하는 존재(먹고 사는 것 이상의 존재)이지만, 문제는 갈대처럼 약한 것인데, 그것을 극복하기 위해서는 더 생각하라고 이야기한다. 인생 문제의 답이 '더 생각하라' 이다. 하지만 인간은 어디로부터 왔으며, 왜 이렇게 살도록 던져져서 내가 선택하지도 않은 환경 속에 살고 있으며, 결국엔 어디로 가는지 아무도 대답을 해 주지 못한다. 이것도 자가 충전식 해결 방법으로 답을 알 수 없다. 흥미로운 것은 지구상의 거의 모든 종교도 자가 충전식에서 벗어나지 못한다는 것이다. 거의 대부분의 종교들이 "우리 안에 있는 놀라운 신적 존재감을 회복하라 그러기 위해서 참선하라, 고행하라, 수행하라."는 대답을 내어 놓는다. 이렇게 해선 답을 찾을 수 없다.

지난 여름 남미 쪽에 출장이 있어 뉴욕을 이틀간 경유해서 가게 되었다. 그때 시차 적응을 불사하고 보았던 뮤지컬 '라이온 킹'은 정말 돈과 시간이 아깝지 않았다. 인간의 창의성에 혀를 내두른 수작이라 표현하고 싶다. 그 원작은 아무 생각 없이 즐기기엔 조심스러운 디즈니 애니메이션이지만, 그 시리즈 중 최고는 '라이온

킹' 이다.

영화의 하이라이트는 심바(주인공 사자)가 자신이 아버지를 죽게 만든 장본인이라는데 죄책감을 갖고 자신의 고향과는 먼 동네에서 살고 있었는데, 마을의 정신적 지주 라비키(원숭이)가 심바에게 찾아가 아버지가 살아 있다고 말하는 장면에서 시작된다. 새 희망을 얻은 심바는 자신의 아버지가 살아 있다는 꿈같은 소리에 라비키를 따라가는데, 라비키가 정작 보여준 것은 물 속에 비치는 심바 자신의 얼굴이었다. 실망하는 심바에게 라비키는 "Look harder"(더 자세히 봐).라고 말한다. 물살이 바람에 살짝 흔들리면서 물 속에 비춰진 얼굴은 자신의 얼굴이 아닌 아버지 모파사의 얼굴이었다. 바로 그때 하늘에서 소리가 들린다. "심바! 너는 나를 잊었구나.", "아니예요. 제가 감히 어떻게 아버지를 잊을 수 있어요?", "아니다 심바. 네 자신이 누구인지 잊은 것은 나를 잊은 것이다." 그러면서 모파사를 형상했던 구름이 멀어져 가며 계속 외치는 소리가 있다. "Remember who you are"(네가 누구인지 기억해라). 영화 속에서 모파사는 "심바 너는 내 아들이자, 진짜 왕이다."라고 말한다. 자신이 누구인지 깨닫게 된 심바는 위험을 무릅쓰고 자신의 자리로 돌아가 그의 왕국을 구한다는 이야기다.

그렇다. 이 영화에서 이야기 하듯이 자신이 누구인가를 깨닫는 것은 무엇보다 중요한 일이다. 그러나 잘못 깨달으면 자신과 사회를 해치게 된다. 규범 없는 자기 사랑은 부작용이 크기 때문이다. 그렇다면 인간이란 과연 어떤 존재일까?

(Remember who you are)

우리가 본능적으로 '나는 누구인가?' 에 대한 근원적인 질문에 대한 어떠한 관점의 틀을 만드는 것을 '세계관' 이라 한다. 그럼 이 세상은 어떠하며, 세상을 지배하고 있는 세계관은 무엇이고, 나에게 어떻게 영향을 주었는지 생각해 보자. 왜 우리가 무엇을 하며 살아야 하는지 모르는 두 번째 이유를 살펴보자.

Chapter
Two

쫄지마. 네 잘못이 아니야.

제 2장 답을 모르는 건 너희들 잘못이 아니다

우리나라에서만 할 수 있는 유머

2008년 1월, 13년간의 선교사 생활을 마치고 귀국했다. 한국을 떠날 땐 3살, 2살, 4개월이었던 아이들이 청소년이 되어 돌아왔다. 한국 교육이 힘들다고 해서 피할 생각은 없었고, 꼭 일류대학에 가야만 하나님 앞에 일류인생은 아니라는 확신이 있었고, 그것을 삶으로 증명하고 싶은 도전감도 있었다. 시간이 흘러 지금 우리 아이들은 대학 입학을 했다. 얼마 전 누군가가 이런 농담을 해 주었다. 한국은 아이가 태어나면 아인슈타인 우유를 먹이며 천재이길 기대하다가, 아니다 싶으면 서울대학교에 가라고 서울우유로 바꾸어 먹이고, 그것도 힘들겠다 싶으면 연세우유, 나중엔 건국우유를 먹인다는 것이다.

한국을 오랫동안 떠나 있던 나는 그 사실을 전혀 몰랐고 동네 입구에서 배달시켜 먹으면 사은품 준다는 덴마크 저지방 우유를 배달시켜 먹였다. 정말 그 결과대로 우리 집에서 제일 공부를 잘하는 아들은 저 지방대학에 입학했다. 먹는 음식, 마시는 음료에까지 대학, 오로지 대학에 초점을 둔 나라가 또 있을까 싶다.

대학 입시 준비는 태교부터, 원형 탈모는 유치원부터

알고 지내는 지인이 경기도 한 신도시의 영어 유치원에서 일을 한 적이 있었다. 초등학교도 들어가기 전 아이들이 하루 종일 영어로 생활하면서 배우는 곳이었다. 어릴 때부터 영어를 가르쳐야 아이들의 미래에 도움이 될 것이라고 생각하는 사람이 많기에 이런 유치원들이

생기는 것이려니 했다. 그런데 듣다보니 놀라운 점이 있었다.

그 유치원에서는 해마다 몇 차례씩 레벨 테스트를 한다는 것이었다. 테스트 결과에 따라서 반을 상, 중, 하로 다시 편성해서 운영을 한다. 그런데 더 놀라운 점은 그 테스트 기간이 되면 부모님들이 더 긴장한다고 한다. "아들아! 이때부터 뒤쳐지면 안 된다." 면서 특별 과외를 시키는 일까지 벌어지고 있다고 하니 상황이 어떻겠는가?

똘망똘망 해야 할 아이들의 호기심 가득한 눈망울은 없어지고, 초점 없이 멍한 상태로 앉아 있을 때가 많아지고, 심지어 스트레스 때문에 원형탈모 현상까지 보이는 아이들도 있다고 한다. 아무 걱정 없이 하루 종일 쫑알쫑알 떠들고, 여기저기 뛰어다니며 즐겁게 놀아야 할 아이들이 벌써 이런 경쟁에 내몰리고 있었다. 그런데 이런 아이들의 불행한 현실은 단지 유치원에서 끝나는 것이 아니다.

그렇게 시작한 유치원생의 미래는 마치 브레이크가 고장 난 자동차처럼 대학 입시를 향해서 12년 그 이상을 미친 듯이 달려가게 된다. 나는 아이 셋 모두 연년생으로 3년 연속 대학 입시를 겪은 학부모이다. 세 명 모두 대학 입시 전형 방법이 달랐다. 그래서 내년에 재수를 꿈꾸지 말라한다. 또 달라지니까. 우리나라 교육철학과 방향이 계속 흔들리고 있음을 보여주는 한 단면이다.

2장에서 앞으로 할 이야기는 이런 교육문제를 넘어서는 조금은 딱딱한 이야기들이다. 하지만 우리나라 교육과 입시가 왜 이리 자리를 잡지 못하는지 꼭 짚고가야 할 생각거리가 있다. 단순히 교육부 문제가 아니다. 그 배경을 좀 더 이야기 하려 한다. 쓰다 보니 글이 좀 길어졌고, 내용은 뉴스를 듣는 듯한 느낌이 들 수도 있다. 그러나 내가 속한 사회 이야기라는 사실은 곧 나와 깊은 관련이 있음을 숙지하자. 무엇을 이야기하는지 취지를 알았다면 제3장으로 넘어가도 좋다. 시험에 안 나오니 염려 말아라.

세계화

1990년대에 들어서면서 우리나라에서 가장 크게 화두가 된 것은 '세계화'라는 단어였다. 그것은 먼저 보호무역주의를 마감하고, 외국에 문호를 개방하는 우루과이 라운드 협정을 매듭짓는다. 이 협정은 국제 경쟁력이 약한 개발도상국가들이 선진국들에 의해서 크게 피해를 볼 수 있는 협정이었지만, 세계화라는 화두에서 피하기 어

려웠던 협정이었다.

그 후 OECD(경제협력 개발기구)에 가입하면서 약한 산업기반을 세계와 경쟁할 수 있도록 강화하려고 노력하였다. OECD(경제협력 개발기구)는 대부분 선진국가들이 서로 경제적 협력이나 정책들의 조정 등을 통해서 서로 간의 발전을 도모하는 협의체라 할 수 있다. 어쨌든 이런 분위기는 수출 경쟁력을 갖춘 산업의 경우에는 이익을 얻게 되지만, 해외에서 수입되는 분야보다 경쟁력이 약한 산업의 경우에는 굉장한 고전을 면치 못하게 되었다. 농업이 대표적으로 피해를 입은 분야가 되었다.

이런 분위기 속에서 우리나라 교육철학은 어떤 영향을 받았을까? 학생들도 이제는 우물 안의 개구리가 아니라 세계와 경쟁해야 하는 전쟁터로 내몰리게 되었고, 경쟁에서 살아남거나 퇴출되는 선택의 기로에 놓이게 되었다. 아이러니하게도 이때부터 정확하게는 1994년부터 중앙일보는 대학평가를 시작했다. 보통 30여 가지 지표를 가지고 대학들을 평가해서 순위를 정하는 일인데, 지금도 꾸준히 하고 있다. 또한 그 시절부터 우리나라 대학들이 전 세계에서 몇 위에 해당된다는 기사들이 심심치 않게 나오기 시작했다. 서울대가 세계에서 100위권에 들지 못한다는 이야기는 굉장한 자극을 주었다.

교육시장

이런 일련의 현상들은 단지 학교 몇 개가 더 생기고, 시험을 몇 번 더 치르는 그런 단순한 문제가 아니다. 교육은 이제 경쟁일 뿐만 아니라, 경제와 같은 맥락에서 이해하는 '교육시장'으로 인식되고 있는 것이다. 학교에 순위를 정하고, 학교를 다양화하고, 학교의 정보를 공개하는 것은 교육의 공급자로서 어쩌면 당연한 일인 것이다. 이런 과정 속에서 교육의 소비자들은 더 앞선 교육을 시키기 위해서 사교육에 대한 수요를 갖게 되고, 또 그 수요를 감당할 공급자들이 다양한 시장을 형성하게 된 것이다.

상황이 이렇다보니 교육의 공공적인 역할은 점점 비중이 작아지고, 더 많은 교육비용을 지불할 수 있는 사람들이 더 다양하고도 지속적인 교육의 기회를 갖게 되었다. 간단하게 말해서 돈이 많은 사람들이 교육에 더 많은 비용을 지불하고, 명문대에 더 많이 들어가서 더 많은 소득을 올릴 기회를 갖게 되었다는 말이다. 자식에게 대학수준이 대물림되고, 경제수준도 대물림된다는 말이 바로 이 말이다. 실제로 2014년 수시합격생들을 분석해 보니, SKY라 불리는 대학들의 합격생 70%가 서울 강남 출신들임이 뉴스에 발표되었다. 여러분의 부모님이 대학에 목숨 거는 이유가 바로 이것이다. 이미 높은(?) 곳에 있는 부모는 그것을 물려주어야겠고,

그렇지 못하면 내 자식만이라도 수준을 올려야 한다는 논리가 작동되기 때문이다.

세계와의 경쟁은 정권이 바뀌어도 계속적으로 멈출 수 없는 현실이 되었을 뿐 아니라 그 경쟁이 한층 더 심해진 현상을 보여주고 있다. 경제적인 면에서 미국과의 FTA가 체결되고, 교육적인 면에서는 학력평가 시험(일제고사)이 등장하기도 하고, 고등학교의 선택이 다양해지고, 국제 중학교가 등장하게 되었다. 이런 분위기는 학생들을 더욱 심한 입시 지옥으로 몰아가게 되었다.

한 학원 관계자에 따르면, 학생 개개인이 초등부터 대학에 들어가기 전까지 풀어내야 하는 모든 문제의 수가 구구단으로 시작해서 최종 수능 시험까지 대략 100만 문제 정도라고 추산했다. 한 학생이 12년 교육과정 속에 평균 100만 문제를 풀어야 대학에 들어갈 수 있는 환경이라는 것이다. 내 속에 있는 소질이나 개성은 말로만 존중될 뿐이다. 이러한 상황 가운데 누군가 아이디어를 내어 수능점수로만 평가하지 말고, 면접을 통해 사람의 됨됨이와 그의 논리와 시사성을 살펴보자고 결정해도 소용이 없다.

교육시장은 바로 인성이 높아 보이게 해주는 학원, 시사성을 높이는 사교육, 면접 잘 치르는 실전 모의 과외가 무성하게 늘면서 부모는 재정 압박의 짐이, 학생들은 공부해야 할 과목이 하나 더 늘어 자정이 넘어서도 학원으로 끌려 다녀야 하는 짐이 가중될 뿐이다. 혹시 기억하는가? 밤10시 이후 학원 영업을 못하게 했던 정책이 시행되었다가 곧 폐지된 적이 있다. 학원들이 법은 지켜야 하기에 10시에 문을 강압적으로 닫았지만, 자신들의 생존을 위해 새벽반을 만들었기 때문이다. 당시 학생들은 갑자기 밤과 낮을 바꾸어 사느라 고생했을 뿐이다. 무엇을 하든지 이 무한경쟁 세상에서 빠져 나갈 길이 없다. 결국 우리는 짧은 시간에, 더 많은 문제를, 더 정확히 푸는 훈련을 반복해서 받아야만 한다.

한참 영문도 모르고 여기까지 끌려왔는데, 지나가던 목사가 갑자기 학생에게 묻는다.

"너의 비전은 뭐야?"

"(목사를 향해 속으로만, 확 그냥 막 그냥 여기 저기 막 그냥......) 그냥 기도해 주세요."

세계화로 인한 무한경쟁 세상의 산물인 우리가 무엇을 하며 살아야 하는지 잘 모르는 두 번째 이유다. 너희들 잘못이 아니다. 2장은 여기까지만 읽어도 무방하다. 좀 더 알고 싶으면 점선 아래 부분의 심화과정을 읽으라. 무게감을 줄이고자 앞부분은 필독으로 처리했고, 중간 이후는 더 읽고 싶은 사람만 읽도록 심화 과정으로 선을 그어 놓았다.

자본주의

세계화라고 불렸던 세계와의 경쟁, 우리 학생들을 무한경쟁으로 내몰았던 그 실체는 무엇일까? 그저 우연하고도 갑작스럽게 한 두 분의 역대 대통령이 도입한 경제, 교육 정책이었던 것인가? 아니다. 세상이 이렇게 돌아가는 이유는 세계 경제 체제

의 큰 흐름과 연결되어 있다.

15, 16세기 자본주의는 르네상스 인간의 자유와 종교개혁의 직업의 소명 등 정신적 토대 아래서 시작되었다고 할 수 있다. 존 칼빈은 직업적 소명의 중요성을 말하면서도 인간의 안락한 삶을 부인하고 절제할 것도 함께 강조하였다. 그러나 시간이 가면서 이와 같은 자본주의의 정신적 토대는 점점 사라지고, 자본이 중심이 되고 말았다. 그 결과 과학의 발전이나 산업혁명에 발맞추어 많은 노동력이 필요해진 가운데, 아동에 대한 노동력의 착취가 일어나고 상당한 빈곤층이 생겨나게 되었다. 이런 상황에서 마르크스 같은 사람도 등장했던 것이다. 이와 같은 흐름 속에서 금융자본주의, 수정자본주의 등으로 이어지면서 자본에 대한 국가의 역할과 책임이 강조되어 자본주의의 폐단을 극복하려 했다.

신자유주의

1980년경부터 신자유주의라는 것이 등장하게 되었다. 이것은 영국의 대처 수상, 미국의 레이건 대통령 등이 시작한 것으로 국가의 시장에 대한 개입을 최소화하는 방식으로, 시장이 모든 것을 결정하는 구조로 만들어진 것이다. 이런 분위기 속에서 여러 국영기업들의 민영화를 유도하고, 국가 간의 무역을 자유롭게 하고,

세금을 줄여서 더 많은 투자를 유도하고, 노동 유연성을 위해 해고를 쉽게 할 수 있는 현상들이 나타나게 되었다. 오직 경쟁을 통해 살아남는 힘 있는 기업만이 생존할 수 있는 구조가 형성되었다. 탐욕을 제어할 필요가 없다고 생각하는 기업과 국가들은 다양한 방식으로 부를 독점하면서 수많은 문제들을 양산하였다.

한국의 경우 세계화를 외치던 시대부터 시작하여 IMF 구제 금융시대를 거치면서, 이와 같은 신자유주의의 틀로 많은 변화를 겪게 되었다. 많은 구조조정이 일어나서 일자리를 잃었고, 너무도 많은 비정규직이 허용되었고, 중소기업들이 생존하기 어려운 토양으로 변화되었다. 빈익빈 부익부 현상이 강력하게 일어나고 있다.

가장 쉽게 이해할 수 있는 현실을 예로 들면, 대형마트와 작은 골목 가게들이 공존할 수 있는 구조가 아니라, 대형마트가 골목마다 작은 분점들을 내서 독점하는 것이 아무렇지도 않은 현실이 되어 버린 것이다. 소수는 지속적으로 부를 독점하게 되고, 절대 다수는 빈곤층으로 전락하는 현상이 벌어지고 있는 현실이다. 다수의 기업들이 최대의 영업 이익을 기록하고 있는데도, 그 이익이 직원들의 생활로 연결되거나 새로운 일자리를 창출하는 데로 이어지지 못하고 있다.

그럼에도 정부의 역할은 점점 힘을 잃게 되었다. 2005년 7월 5

일 한 경제 회의에서 당시 대통령은 "권력은 시장으로 넘어갔다." 라는 말을 남길 정도였다. 그만큼 시장에서 많은 것들이 결정되고 있다는 표현이다. 정부가 힘을 가지고 시장을 좌지우지하기가 어려워졌다는 말이다. 정부는 단지 공정한 경쟁이 될 수 있도록 관리할 따름이라고 덧붙였다.

하버드대학에서 비지니스를 가르치는 한 교수가 조사한 통계는 우리가 얼마나 쉽지 않은 세상의 경쟁에 내몰리는지를 보여준다. 미국 전체의 부가 어떻게 분배되고 있는지를 보여주는 차트에 따르면, 미국의 1%가 전체 부의 40%를 소유하고 있다. 그리고 나머지 19%의 사람들이 전체의 53%를 소유하고 있다고 한다. 즉, 나머지 80%의 사람들은 미국 전체 부의 7%를 나누어 소유하고 있는 현실이었다. 얼마나 소득 불균형이 심한지를 적나라하게 보여주고 있다.

(미국 부의 분배)

우리나라의 실정은 어떨까? 노동사회 연구소가 2010년에 발표한 자료에 따르면, 우리나라의 근로소득 불평등 정도가 OECD 회원국 가운데 2위에 해당된다고 나왔다. 그만큼 근로자의 절반 수준에 이르는 비정규직의 비율이 높고, 대기업과 중소기업의 임금 격차가 크다는 것을 보여준다. 이런 환경 속에 우리의 부모님들은 날마다 두 눈 부릅뜨고 살아가고 계신다. 내 자녀는 일용직으로 살게 하지 않으려고 어떻게 해서든 더 많은 문제를 더 빨리 더 정확히 푸는 기술을 가르치는 학원에 보내주신다. 내가 무엇을 하면서 살면 더 행복한지 묻지 못하고 산다. 그러기에 무엇을 하면서 살지 모르는 것은 청소년 너희들 잘못이 아니다.

학교 폭력의 원인

이런 경쟁적 관점, 시장적 관점으로 모든 것을 보는 세상의 현실에서 학생들이 성적 경쟁에 내몰리는 것은 너무도 자연스러운 결과이다. 막대한 시간과 돈을 투자해서 끝도 없는 경쟁을 해야 하는 것이다. 그리고 그 경쟁의 끝에는 더 많은 재정을 투입할 수 있는 사람들이 더 높은 성적을 얻을 가능성이 높아진다. 이런 부의 불균형, 무한 경쟁이 만들어내는 문제는 생각보다 심각하다.

요즘 우리 학생들을 멍들게 하는 큰 이슈 중의 하나는 학교 폭력이다. 그 원인에는 다양한 이유가 있을 수 있다. 개인의 성향, 가정의 환경, 미디어의 영향 등 여러 원인들이 회자된다. 해결책도 다양하게 제시된다. 처벌 강화, 예방 교육, 교사의 역할 강화 등. 그렇지만 최근 SBS스페셜에서 다루었던 '공격성의 근원'이라는 내용 중에는 그 공격성의 정도가 소득의 불평등을 보여주는 또 하나의 지표인 지니계수와 무척 연관성이 있음을 보여주고 있다. 소득 불평등의 정도가 심할수록 공격성이 높고, 많은 학교 폭력이 일어나고 있었다. 우리나라에 만연하고 있는 학교 폭력의 원인도 이와 연관성이 적지 않을 것이다.

(공격성의 근원)

생각하지 말라?

가장 근본적인 문제는 이렇게 몰아가는 분위기 속에서 차분히 자신이 무엇을 좋아하고, 무엇을 잘 할 수 있고, 어떤 일에 의미를 느끼는지 생각해 볼 기회를 갖지 못한다는 것이다. 또한 여행을 하거나, 이런 저런 경험을 하면서 자신을 발견하거나 세상을 이해할 기회를 갖기가 어렵다. 세상은 마치 아무런 생각 없이 수능 점수를 향해서 달리기만 하라고 계속해서 압박하는 것 같다.

상위권에 있는 학생들의 경우는 그 압박이 더욱 심하다. 중간고사나 기말고사 한 번을 실수하면 내신에 문제가 생기고, 상급 학교 진학에 치명적이 된다는 생각이 굉장한 불안감을 주고 있는 현실이다. 다른 무엇을 생각하고, 쉼을 갖고, 여행을 하는 것은 어쩌면 너무도 먼 나라 이야기일 수 있다.

계속 생각하지 말라?

대학에 들어갔다고 해서 자신에 대해서 생각할 기회가 많이 주어지는 것은 아니다. 대학생활은 취업이라는 더 좁은 관문을 준비하는 취업 준비 기간이 되어 버렸다. 수많은 스펙을 준비해야 하고, 수많은 자기소개서, 입사지원서를 쓰고, 인터뷰를 준비해야 한다. 대학의 낭만은 너무 오래된 이야기가 되었다. 대학생활은

중고등학교의 반복과 전혀 달라지지 않았다. 자신을 발견할 기회는 여전히 뒤로 미뤄진다.

게다가 그 관문을 뚫고 취업을 했다고 가정해 보자. 회사의 경영자들은 회사를 어떻게 이끌어가고 운영할까? 가장 보편적인 방법이 소위 '관리(management)' 라고 하는 것이다. 정해진 시간과 예산 안에서 최대의 생산을 하기 위해 사람, 시간, 효율을 조정한다. 이것을 원활하게 하기 위해서 조직이라는 것이 있고, 대부분은 피라미드 형식으로 상위 관리자가 하위 관리자를 지휘 감독하게 된다.

그런데 이 관리라는 조직의 운영 방식은 대량생산이 요구되던 시기에 탄생한 하나의 도구였다. 당시 직원들은 심지어 글을 읽지 못하는 사람도 있었기 때문에, 경영자는 'thinking' 과 'doing' 을 분리하였다. 경영자나 상위 관리자가 주로 생각을 하여 결정을 내리고, 일반 직원들이 실행하는 방식을 고안해낸 것이다. 그 결과 직원들은 위에서 결정되어져 자기에게 맡겨진 일을 단순히 수행하였고, 그 대량생산이 성공적으로 이루어지게 되었다. 그런데, 그런 운영방식이 지금도 많은 회사에서 동일하게 사용되고 있다. 많은 교육을 받아 취업했음에도, 생각하여 결정하는 과정에 참여하기보다 결정된 사항을 고민 없이 실행하는 일에 내몰리는 사람들이 많다는 것이다.

학생시절부터 시작해서 직장인이 되어서까지도 우리는 인생에 대해 생각할 기회를 충분히 갖지 못하고, 생각 없이 무작정 달리도록만 요청받고 있다. 그렇게 한참을 달리다가 잠시 정신을 차리고 생각을 하다보면, 이미 가족들의 생계를 책임지고 있는 가장이 되어 있는 자신을 발견하게 된다. 그 때는 정말 자신이 하고 싶은 일이 무엇인지 발견하고 그것에 도전해 보고 싶더라도 도저히 시도할 용기를 가질 수 없는 상황이 되고 만다.

500년 프로그램

우리의 이런 현실은 이미 500년 전부터 차곡차곡 준비되어져 왔다. 중간 중간 회복의 기미가 보이다가도, 다시 제어되지 않는 인간의 이기심과 탐욕은 다시 세상을 이 길로 끌어들였다. 그리고 그 폐해가 최고에 달해 있는 시기를 우리는 살고 있다. 그렇게 자신만만하던 신자유주의 시장경제 체제도 2008년 미국이 금융위기를 겪으면서 큰 문제를 드러냈다. 앞으로 어떻게 세상이 변해갈지 아무도 알 수 없다. 어쨌든 현재 우리는 가장 경쟁이 심하고, 불균형이 극심한 시기에 태어나 학교생활을 하고 있는 사람들이다. 청소년 너희들의 잘못이 절대로 아니다. 그러므로 이제부터는 천

편일률적인 영어, 수학 점수 경쟁에서 밀리고 있다고 해서 자신을 탓할 필요가 없다. 이 무한경쟁을 무한히 지원하지 못하시는 부모님을 탓할 필요도 없다. 꼭 탓하고 싶다면, 차라리 탐욕에 가득한 세상을 탓해야 한다. 그리고 이 세상의 시스템이 유도하는 방향으로 생각 없이 달리는 것으로는 우리의 미래를 장담할 수 없다는 것을 진지하게 인식해야 한다.

이제는 생각 없이 달리던 브레이크가 고장 난 자동차에서 잠시 용기를 내어 뛰어 내릴 시간이다. 세상은 한결같이 '생각하지 말고 달리라' 고 말하지만, 지금은 생각을 해야만 하는 시간이다. 나는 누구이고, 삶은 무엇이고, 인생은 무엇인지 생각해 봐야 하는 시간이다. 2장의 심화과정까지 읽느라 수고했다.^^

Chapter Three

내가 쓴 안경에 따라

보여지는 세상도 다르다.

제 3장 세상을 보는 눈 – 세계관

Ready! Set! Think!

스티븐 스필버그 감독의 '쉰들러 리스트'라는 영화가 있다. 영화의 주인공 쉰들러는 독일인으로 성공에 눈이 멀어 나치에 아부를 떨던 사람이었다. 그런데 그가 어떤 한 사건을 경험한 후 삶이 180도 바뀌어 자신의 전 재산을 팔아 유태인을 살리는 사람이 된다. 자신의 소유를 뇌물로 사용해 유태인을 빼돌리며 생명을 구하는데, 마지막 순간까지 최선을 다하여 1,100명을 구한다. 그가 구한 천여 명의 유태인 명단이 쉰들러 리스트이다. 영화 마지막쯤 왔을 때 더 이상 유태인을 구할 수 있는 모든 기회가 다 지나가 버린 후, 아직도 자신의 소유가 조금이라도 더 남아있는 것을 아파하며 "한 명이라도 더 살릴 수 있을텐데" 하며 절규한다. 영화는 무척 감동적이었고 이 영화를 통해 스필버그는 아카데미상을 받는다.

주제는 다르지만, 같은 배경으로 유태인의 죽음을 다룬 '인생은 아름다워' 라는 영화 속에서도 유태인들이 유태인이라는 단 한 가지 이유만으로 끌려가 죽는다. 좀 더 깊은 슬픔을 주는 '파자마를 입은 소년' 이란 영화도 같은 맥락이다. 이 영화 속에서는 더 경악스러운 장면이 등장한다. 조금 전 수백 명의 유태인을 가스실로 보내 학살하고 집에 돌아온 장교는 바하를 들으며 스테이크를 가족과 행복하게 먹는 것이다. 어떻게 이럴 수 있는가?

질문! 그러면 독일인은 왜 그토록 유태인을 잔인하게 씨를 말리도록 죽였을까? 단지 죽이는 정도가 아니라 그들의 몸을 분해해 비누, 단추, 생필품 등을 만들어 쓸 정도로 잔인했을까? 나치주의에 대해서 뒤에서 좀 더 다루겠지만, 그들이 그렇게 했던 것은 단순히 악해서가 아니다. 단순히 한 민족이 미워서가 아니다. 사람이 그토록 악랄해질 수 있었던 이유는 아주 색다른 안경을 쓰고 세상을 보았기 때문인데, 사람들이 쓰고 있는 세상을 보는 안경을 '세계관' 이라 한다. 세계관이란 단어는 그저 시험시간에 생각하는 단어가 아니고 이토록 무서운 실제 이야기다.

예전 사람들의 잘못된 세계관을 탓할 수 있다면, 그럼 지금 우리가 가지고 있는 세계관은 과연 믿을만한가? 우리가 미래에 대해서나, 인생에 대해서 생각하는 것은 과연 무엇에 근거를 두고 있을까? 우리 개개인은 각자마다 삶과 인생을 생각하고 판단하는 나름대로의 관점을 가지고 있다. 생각의 안경을 하나씩 쓰고, 그것을 통해 모든 것을 보고 받아들인다. 우리는 어떤 세계관을 가지고 살아가고 있는지 먼저 생각해 보자.

동서양의 차이로 본 세계관

기본적으로 한국은 동양문화권에 속한 나라로서 동양적 세계관을 가지고 있다. 그렇다면 서양적 세계관과 어떤 차이를 가지고 있는지 살펴보자. 이 차이를 보여주는 흥미로운 영상이 EBS에 올라와 있다.

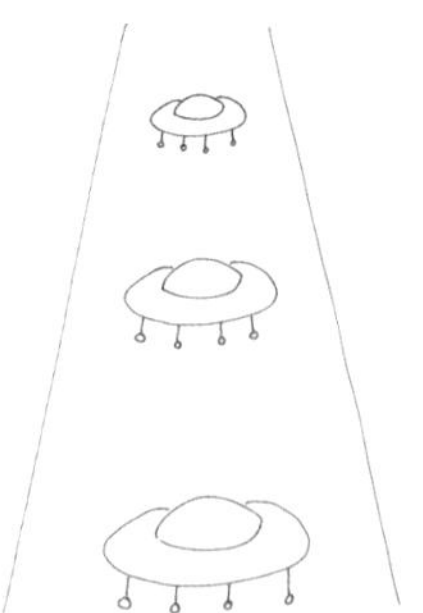

이 그림을 보여주면서 "어떤 것이 앞쪽

에 있을까?"라는 질문에 한국, 중국, 일본의 동양 사람들은 거의 대부분 제일 아래쪽에 가장 큰 그림이 앞쪽이 있다고 대답했다. 그러나 미국과 영국 등의 서양 사람들은 대부분 맨 위쪽의 가장 작은 것이 앞쪽에 있다고 대답했다.

동양적 세계관을 가진 사람들은 서양 사람들의 대답을 쉽게 이해하지 못한다. 당연히 큰 것이 앞쪽에 있는 것인데 말이다. 이런 차이는 사물을 보고 판단하는 관점의 차이에서 비롯된다. 동양 사람들은 어떤 사물을 바라볼 때 그 사물의 입장에서 바라본다. 사물의 입장에서 보면 당연히 큰 그림이 앞쪽에 있는 것이다. 그러나 서양 사람들은 사물을 보는 관찰자의 입장에서 세상을 본다. 그러므로 현재 관찰자는 자신이 중심이 되어 앞을 바라보고 있다고 생각하게 된다. 그러면 자연스럽게 자신이 가장 뒤에 있는 사람이 되고, 자신에게서 가장 먼 쪽이 앞쪽이 되는 것이다.

이렇게 사물 중심이냐, 관찰자 중심이냐는 모든 것을 바라보는 세계관에 많은 차이를 가져다준다. 서양 사람들은 자기 중심적으로 생각하여 개인주의

적이 되고, 자기 생각과 감정을 중요시 여기게 되는 것이다. 또한 자녀들을 독립적인 존재로 키우기 위해 아이가 스스로 선택할 권리를 갖게 하고, 그것을 존중하는 방식으로 양육을 한다. 그러나 동양은 반대로 자신을 상대방과의 관계나 상대방의 입장에서 바라보는 존재로 인식한다. 또한 자신을 독립적인 존재가 아닌, 가족이라는 관계 안에서 가족이 바라보는 존재로 자신을 인식하기도 한다. 그래서 자신의 판단이 부모에게 미치는 영향을 고려하기도 하고, 부모님이 나를 대신해서 최선의 선택을 내려 주는 것이 더 좋을 수도 있다는 생각을 할 수도 있다.

(동서양 가치관의 차이)

이런 동양적 세계관을 자연스럽게 가지고 있는 우리는 서양적 세계관을 가진 사람들에 비해서 자신의 가치를 발견하기가 훨씬 더 어렵다. 왜냐하면, 자신이 원하는 것이 무엇인지 찾기 어렵고, 남들이 자신에 대해 원하는 것을 더 먼저 고려하는 면이 크기 때문이다. 그렇다보니 우리의 학벌, 직업 등이 나와 관계된 부모님께 어떻게 영향을 끼칠지 자연스럽게 고민한다. 자신만 좋으면 되는 것으로 생각할 수도 있지만, 우리는 남들과의 비교나 평가를 너무 크게 생각하는 경향도 나타난다.

또 다른 실험에서는 동양과 서양의 학생들이 공부에 대한 동기가 어디에 있느냐를 알아보는 기회를 가졌다. 시험을 보고 '평균보다 이상' 이라는 평가를 받은 동양학생은 더 이상 공부를 하지 않았다. 반면, '평균보다 이상' 이라는 평가를 받은 서양학생은 더 열심히 그 과목을 공부하더라는 것이다. 동양은 아무래도 타인과의 비교 속에서 자신의 가치를 이해하는 면이 크기 때문에 더 열심히 하려는 동기가 적어졌던 것이고, 서양은 자신 중심적으로 생각하는 면이 크기 때문에 잘하는 것을 더 잘하려는 방향으로 움직였던 것이다. 이처럼 세계관의 차이는 공부뿐만 아니라 다양한 면에서 고려되는 점이다.

광고와 세계관

그 누구보다도 발 빠르게 세계관을 이용하는 사람들이 바로 광고를 만드는 사람들이라 할 수 있다. 그들은 사람들 안에 형성된 세계관들을 재인식시키고 일깨우면서 그들이 원하는 것을 구입하도록 유도한다.

호주에서 사용된 한 광고에서는 비슷해 보이는 사람들이 계속해서 만난다. 비슷하면서도 뭔가 다른 사람들이 두 명씩 계속해서 등장한다. 알고 보면 자신이 몇 년 더 젊었을 때, 조금 더 건강했을 때의 사람과 무척 반갑고도 감격스럽게 만나고 있는 것이다. 건강했던 자신을 다시 만나게 해주겠다는 자막으로 광고를 마무리하는 보험회사 광고이다. 이 광고에서 사람이란 어쩔 수 없이 나이가 들어가고, 건강이 나빠질 수밖에 없는 존재로 보고 있는 것이다. 그러니까 보험이 얼마나 필요하겠느냐고 유도하는 것이다. 이처럼 세상을 보는 안경은 우리 일상의 모든 영역에 영향을 주고 있다.

(광고속의 세계관)

세계관의 형성과 변천

그렇다면 이처럼 우리도 모르는 사이에 우리의 생각과 시각, 판단의 근거가 되어버리는 세계관은 주로 무엇에 의해서 형성되어 온 것일까? 이것은 개개인의 선택에 의해서 형성될 수도 있지만,

대부분 우리가 살아가고 있는 시대의 문화와 사상에 의해서 크게 영향을 받을 수밖에 없다. 그 역사적 배경을 살펴보자.

서양 철학이 발달하기 전에는 대부분의 사람들이 신화와 종교에 지배적인 영향을 받았다. 예를 들어, 어떤 농경부족은 농사를 위해 비를 다스리는 어떤 초월적 존재에 대한 믿음을 가질 수 있다. 그런 경우에는 그 부족에서 태어나 자라나는 사람들은 너무도 자연스럽게 초월적 존재를 받아들이게 되고, 그 존재를 만족시킬 수 있는 어떤 나름대로의 행위들을 발전시키게 된다. 그러다가 그리스 철학이 조금씩 싹트기 시작하면서, 사람들은 어떤 자연현상에 대해서 인식하고 설명하기 시작했다. 탈레스의 경우는 모든 세상의 만물들이 공기, 불, 물, 흙으로 구성되어 있고, 궁극적으로는 물로 바뀔 수 있다고 생각하였다. 아낙시만드로스는 그 네 원소의 배후에 무한한 어떤 것이 있다고 생각하였다. 아낙시메네스는 공기라고 하기도 하였다. 피타고라스의 정리로 유명한 피타고라스는 숫자에서, 헤라클레이토스는 불에서 찾으려 하기도 했다. 이처럼 세상을 관찰하면서, 생각을 발전시켜 뭔가 나름 설명이 될 만한 답을 찾으려는 시도가 시작된 것이다.

그러다가 소크라테스에 이르러서는 자연에서 사람으로 관심이 이동하게 되었다. 그가 남긴 중요한 말들 가운데 인간에 대한 이야기가 무척 많다. "너 자신을 알라, 무지를 아는 것이 곧 앎의 시작이다, 가장 적은 욕심을 갖고 있기 때문에 나는 신에 가까운 것이다, 나는 단 한 가지 사실만은 분명히 알고 있는데 그것은 내가 아무 것도 알지 못한다는 것이다, 인생의 시초는 곤란이다, 죽음이란 영원히 잠을 자는 것이다, 죽음이란 육체로부터의 해방이다." 등에서 살펴보면 인간 자체와 삶과 죽음을 포함한 인생에 대한 다양한 인식들이 일어나고 있음을 볼 수 있다.

그 후 기독교가 공인되고 중세로 가면서 기독교 신앙과 철학적 고민 사이의 간격을 설명하려는 노력들이 발전하였고, 결국에는 철학이 '신학의 시녀'로까지 전락해서 비난받기는 했지만 상호 모순되지 않도록 정리하게 되었다. 이 작업에 중요한 역할을 한 사람이 바로 토마스 아퀴나스였다. 물론 그 후 신학이 아예 논의에서 분리가 되었고, 자연 과학이 독자적으로 발전하게 되었다.

시간이 좀 더 흘러 과학의 발전은 사람들의 세계관을 형성하는데 굉장히 중요한 역할을 하였다. 가설을 세우고, 실험을 해서, 가설을 증명하는 과학적 방식을 통해 확증하는 사고체계가 생겨나게 된 것이다. 때로는 반대가 되는 새로운 가설이 나오고, 새롭게 증명이 되면서 이러한 방식으로 진리를 확증해 가는 방식의 세계관이 형성되게 되었다. 과학은 세상을 설명하는 가치, 심지어는 믿음과 신앙을 판별하는 기준으로 아주 오랫동안 자리매김을 하게 되었다. 세계관은 이처럼 시대적 변화, 철학과 과학의 발전에 따라서 그 시대 전체에 영향을 끼쳐 왔다.

나치의 세계관

세계관이 국가 차원에서 형성되어 무서운 결과를 낳았던 예를 나치의 인종 대학살에서 찾아볼 수 있다. 물론 다른 관점으로 볼 수 있는 요소들이 많이 있지만 세계관의 차원에서 보는 것도 무척 중요하다. 히틀러와 그의 추종세력이 600만이 넘는 유태인, 그 외의 여러 인종의 무고한 사람들을 학살하는 엄청난 범죄를 저지르는 행동을 아무런 죄책감도 없이 행할 수 있었던 그 배후의 세계관은 무엇이었을까? 나치는 기본적으로 인간의 유전자를 개량할 수 있다는 생각을 가지고 있었다. 우등한 인종인 독일이 여타 열등한 인종과 섞이지 않도록 해야 한다는 생각을 가지고 있었다. 히틀러는 "보다 고등한 인종이 하등한 인종을 복종시킬 수 있다"고 선언하기도 했다. 그것은 결국 그들의 열등 인종들에 대한 전쟁과 학살을 정당화시켜 주는 가치가 되었다. 그들이 세계 안에서 독일인을 제외한 다른 인종을 보는 관점은 우리가 농장에서 곡식 품종을 개량하

듯, 건강한 동물의 교배를 통해서 건강한 동물을 얻고자 하는 정도로 인식하는 수준이었다. 얼마든지 개량에 실패한 품종이나 아예 열등한 품종은 절대 사용하지 않는 것처럼 사람을 그렇게 대하고 있었다는 점이다.

일본 군국주의 세계관

왜 그토록 우리나라는 일본에게 "사과하라! 사과하라!" 하고 일본은 단 한 번도 실행하지 않는 것일까? 우리나라는 2차 세계대전시 일본으로부터 가까이서 가장 큰 피해를 겪은 나라라고 할 수 있다. 일본인의 정신세계에 대해서 미국의 인류학자인 루스 베네딕트는 '일왕을 제외한 모든 사람의 목숨은, 심지어 자기 자신의 목숨까지도 가치가 없는 것' 이라는 교육을 받은 것에서 답을 찾는다.

생각해 보면 영화나 TV에서 일왕을 위해서라면 자신의 배를 가르고 죽는 일까지도 서슴지 않는 모습을 많이 본 것이 기억난다. 역시 이해하기 어렵지만 그들의 세계 안에서 사람의 목숨은 어떤 특별한 존엄성을 갖지 못한다. 유일하게 한 사람만 특별하게 지켜져야 할 뿐이었다. 그러기에 이제까지 자신들의 침략과 범죄를 국가적으로 사과하지 않는 이유도 절대적인 일왕을 국가의 존재 자체로 여기는 생각 때문이다. 국가적 차원의 사과는 일왕의 절대성에 대한 모욕으로 여겨지기 때문인 것이다. 독일에 가면 유태인 학살을 뉘우치며 세운 기념관, 기념일, 행사 등이 많지만, 일본에서는 찾기 힘들다. 잘못을 인정하는 것은 자신의 존재를 부인하는 것으로 생각하는 일본의 세계관이 바탕에 있기 때문이다.

현대의 물질만능주의 세계관

그렇다면 21세기 현재 우리가 살아가는 시대의 사람들은 대부분 어떤 세계관을 가지고 살아가고 있을까? 우리는 무엇에 통해 세상을 보고, 판단을 하고, 해석을 하고, 대처를 하고 살아가는가? 진지하게 스스로에게 물어보자.

지난 5월에 방영된 뉴스에서는, 목표로 한 화장품을 팔지 못한 직원들을 체벌하는 한 중국 기업이 소개되었다. 길거리에서 여직원들이 무릎을 꿇고 기어가도록 했던 것이다. 기상천외한 일이 많이 벌어지는 나라이기도 하지만 실적을 위해서 상식 밖의 교육이나 체벌이 벌어지고 있는 현장이었다. 돈이 정말 뭐길래 그렇게까지 하는가 싶다.

이런 일들이 해외에서만 일어나는 일들이 아니다. 훨씬 더 심각한 일들도 많다. 작년에 개봉한 '공모자들'이라는 영화에서는 심장, 간, 신장 등의 장기들을 밀매하는 내용이 다루어졌다. 물론 영화지만 살아있는 사람의 몸에서 장기를 꺼내서 팔아 돈을 버는 사람들이 실제로 있다는 사실이다. 그 뿐인가? 몇 천원 때문에 사람을 죽이고, 보험금을 노리고 가족들을 죽이는 사건들이 얼마나 자주 등장하고 있는가? 최근에는 돈만 주면 누군가를 대신 죽여주겠다는 광고가 포털사이트에까지 등장하기도 했었다. 돈을 위해서라면 사람의 목숨도, 심지어 가족의 목숨도, 타인의 고통도 상대화되고 있는 현실이다.

우리와 같은 시대를 살아가고 있는 사람들이 가지고 있는 세계관은 어떤 것일까? 그것은 두말 할 나위도 없이 '돈이 가장 중요하고, 돈이면 모든 것이든 가능하다.'라는 세계관이다. 물질이 전능하다고 인식하는 세계에서 살아가고 있다는 사실이다.

돈으로는 할 수 있는 일이 생각보다 많다. 누군가를 폭행하고도 돈으로 해결할 수가 있다. 누군가를 죽이더라도 돈으로 무마시킬 수가 있다. 성을 매매할 수도 있다. 정치인, 법조인, 공직자 등을 매수할 수도 있다. 헤어지는 부부 사이에서도 돈이 해결사 노릇을 하기도 한다. 돈으로는 미국 시민권을 얻게도 만든다. 돈으로는 네이티브 스피커가 될 수 있게도 만든다. 돈으로는 명문대학도 가능하게 만든다. 돈으로는 얼굴도 완전히 새로워질 수 있다. 이것은 사회적으로 매도를 당하거나 범죄를 저지르는 사람들만의 문제가 아니다. 아주 평범한 거의 대부분의 사람들의 생각이 그렇다.

청소년은 어떻게 생각하는가?

그렇다면 청소년들은 생각이 다를까? 전혀 그렇지 않다. 우리나라 고등학생들 10명 중 4명은 '10억 원이 생긴다면 잘못을 하고 1년 정도 감옥에 가도 괜찮다.' 고 생각하고 있었다. 10억을 위해서는 어떤 범죄도 저지를 수 있다는 생각을 하고 있다는 것이다.

교과부에서 초, 중, 고등생 2만 4천명을 대상으로 한 조사에서는 인생에서 추구하고 싶은 것을 묻는 질문에 50%가 넘는 학생들이 돈이라고 답을 했다고 한다. 심지어 초등학교 졸업생들이 장래 희망에 대해 답한 것 중 60%가 그냥 '의사' 가 아니라 '돈 많이 버는 의사' 라고 답을 했다고 한다. 돈은 이렇게 어른들의 일그러진 사회뿐만이 아니라, 순수해야 할 청소년들의 꿈과 인생의 목표까지도 지배하고 있다. 결국 이 시대의 세계관에서 사람은 돈의 노예가 되고, 돈을 위해 일하고, 돈 때문에 행복하거나 불행해지고, 돈의 요구에 따라 도덕과 윤리를 버리고, 돈에게서 자유 할 수 없는 존재로 전락되고 있다.

이 글을 읽고 있는 순간에도 남보다 쉬운 일을 하면서 남보다 더 많은 돈을 벌 수 있는 직업을 원하고 그 돈으로 더 고급, 더 최신 물건을 사고 세계여행을 하는 것이 하나님께 축복받은 삶이라는 생각을 하고 있다면 당신과 나는 기독교의 껍데기를 쓴 자본주의 세계관의 산물일 뿐이다.

애석하게도 나에게 상담을 오는 청소년부터 어른에 이르기까지 이들의 경우 비전을 찾고 싶다는 모양을 갖추었지만 쉽게 일하고 많이 버는 것을 찾아 달라, 기존의 내 것을 안전하게 지키면서 새로운 길을 찾아 재정적으로 안정하게 되도록 기도해 달라 하는 속셈을 가지고 있다. 이는 누구의 잘못이라기보다 세상과 삶을 바라보는 올바른 안경으로 바꾸어 써야 함을 양심이 알리고 있는 것이다. 그렇다면 우리가 써야 할 올바른 안경은 무엇인가?

Chapter Four

제 4장 성경에서 답을 발견하다

세균학 이야기

의학생도들에게 전해들은 이야기다. 의과대학 1학년 때 가장 인상적인 과목이 '세균학'이라는 것이다. 수업과 실험을 거치면서 눈에 안보이던 세균의 세계를 알게 되는 것은 충격적이라고 한다. 손에 붙어 있는 백여 종의 세균들이 있는 것을 안 이상 사람들과 악수하기도 께름칙하고, 심지어는 찬양 율동할 때 옆 사람과 손뼉을 부딪칠 때면 자신도 모르게 세균을 상상하게 된다는 것이다. 집에서도 어머니의 위생관리에 잔소리도 늘고, 하루에 손을 꼬박꼬박 세 번씩 씻는 습관이 생긴단다. 어느 날 3학년 선배와 함께 식사를 하는데 손을 안 씻고 먹는 선배를 보고 한마디 거들었다.

"선배님, 세균학 배운 것 잊으셨어요? 우리 손이 얼마나 더러운데…", "아~ 그거? 걱정마. 3학년 되면 면역학 배워."

"………"

더 높은 지식 앞에 초보 지식이 깨지는 현장이다.

아이작 뉴톤경이 인과법칙으로 자연의 비밀을 풀었다고 생각했었다. 눈에 보이게 설명되고 딱 맞아 떨어지는 과학적 설명과 실험에 우리들은 과연 그렇다고 오랫동안 믿어왔다. 그러다가 아이슈타인의 상대성이론이 등장해 우리가 규명했던 질량, 힘, 시간들이 상대적으로 다를 수 있다는 이론을 내 놓았고 증명이 되고 있어서 우리를 다시 혼돈 가운데로 넣어버렸다.

뭔가를 안다고 했던 인류는 보이는 것만이 다가 아님을 알게 된 것이다. 지난 수백 년간 인간은 새 철학, 새 지식, 새 이론, 새 기계를 업데이트 해왔다. 혁신적인 철학, 이론, 과학 모두가 유효기간이 있다.

나는 대학시절 전기공학을 전공했는데, 3학년 때 한 교수님께서 두 시간 열강하신 후에 "여러분이 대학을 졸업해 직장에 가면 아마 이 이론들은 더 이상 사용되지 않을 것입니다. 전자업계가 워낙 빨리 바뀌니까. 그래도 열심히 공부해야 기말고사 잘 치를 수 있습니다." 하셨다. 공부하고 싶은 동기부여 상실이었다. 계속 바뀌고 또 바뀔 이론에 인생을 걸어야 한다면 얼마나 답이 없는 삶이겠는가? 그렇지만 희망이 있다. 인류역사상 단 한 번도 바뀌지 않았던 그리고 영원히 바뀌지 않을 완벽한 지혜를 가지신 분이 우리 곁에 계신다. 그 분이 우리에게 축복으로 주신 것이 성경이다. 성경은 인간이 어떤 존재이며, 존재 목적은 무엇이라 하는지 살펴보자. 이것을 알면 '나'의 사용 목적, 설명서를 볼 수 있을 것이다.

의문투성이 성경

성경을 처음 접해 읽던 대학교 1학년 때, 내가 제일 황당해 했던 이해 불가는 예수님이 처녀 몸에서 잉태된 것, 물 위를 걸으신 것, 죽은 자가 살아나는 것 같은 기적적인 사건들이 아니었다. 모든 기적, 모든 초자연적인 일들은 창세기 1장 1절 "하나님이 태초에 천지를 창조하시니라." 여기에 다 들어 있기 때문이다. 아무것도 없는 무의 상태에서 천지를 만드셨는데 물 위를 걸은 게 무슨 불가사의한 일이겠는가?

정말 이해가 안 되는 성경 구절은 "나 여호와는 질투하는 하나님이다."였다. '사랑의 하나님, 축복의 하나님' 이래도 믿을까 말까인데 어떻게 자기만 바라보라는 왕자병 같은 말씀을 하실까?

독실한 불교신자였다가 회심했던 내가 초신자 시절 적잖이 고민했던 부분이다. 예수님을 믿기 전에는 상식적으로 믿지 못할 만한 내용으로 기독교를 공격했었는데, 예수님을 만나고 나니 기독교에 대해 공격했던 질문들의 답을 내가 찾아야 했다. 질투하시는 하나님의 모습 외에도 하나님은 하필이면 왜 선악과를 동산 중앙에 두어 인간이 유혹을 받게 하셨는가? 인간이 따먹을 줄 모르셨는가? 그렇다면 전지전능하신 분이 아니실 것이고, 따먹을 줄 아셨는가? 그렇다면 인간을 우롱하신 건데…. 답이 나오질 않았다. 그러다가 세상을 만든 목적, 사람을 만든 목적을 알아가면서 의문이 풀리기 시작했다.

사람을 만드신 목적

창세기 1장 2절 "땅이 혼돈하고 공허하며 흑암이 깊음 위에 있고…" 하나님은 이런 혼란을 정리 정돈하시는 모양으로 천지창조를 시작하셨다. 빛, 땅, 물, 광명체, 식물, 동물들을 만드셨다. 보기에 좋았다 하셨지만, 아직 완성은 아니었다. 6일간 세상을 질서 있게 창조하셨다. 마지막 날 최후의 순간에는 사람을 창조하셨다. 27절 "하나님이 자기 형상 곧 하나님의 형상대로 사람을 창조하시되 남자와 여자를 창조하시고… 모든 생물을 다스리라 하시니라." 개는 개처럼, 돼지는 돼지처럼 창조하셨지만, 인간은 하나님처럼 창조하셨다. 신기하다. 인간을 창조하시고 임무를 주신 후 창조된 것들을 돌아보시면서 "심히(액센트) 보기에 좋았다" 하셨다. 하나님의 뜻대로 창조가 완성되었음을 말해준다.

좀 더 보면 하나님의 인간에 대한 특별대우 세 가지를 발견할 수 있다. 첫째로, 인간을 어떤 수많은 형체중의 하나로 만드신 것이 아니라 하나님의 형상대로 만드신 것이다. 둘째로, 인간에게만 생기를 불어넣으셔서 생령이 되게 하심으로 하나님과 교통하는 영적인 존재로 만드셨다(창세기 2:7). 셋째로, 인간에게 준 미션이 땅을 파거나 동물들을 관리하는 동산지기가 아닌 우리에게 선물로 주신 모든 하나님의 작품들에 이름을 짓는 창조 작업에로의 초대였다(창세기 2:19).

하나님은 우리를 아주 특별하게 '거의 하나님' 처럼 지어 주셨다. 하나님 형상으로 지었다는 것은 겉모양을 넘어 살아있는 영을 소유하고, 창조력을 갖는 하나님과 소통하는 존재라는 것이다. 에덴동산에서 인간은 무엇을 할 필요가 없었다. 하나님이 만드신 세계는 무엇을 더 한다고 더 예뻐지거나 나아질 수 없었다. 그래서 인간의 가장 최초의 미션은 안식에 참여하는 것이었다. 안식의 참된 의미는 잠자거나 쉬는 것이 아니다. 안식이란, 하나님은 창조주의 자리에, 나는 피조물의 자리에 앉는 것을 말한다. 하나님과의 올바른 관계 정립이 안식이다.

둘째 미션은 다른 피조물들의 이름 짓기였다. 아담은 이것을 통해 무엇을 발견했을 것 같은가? 상상해보라. 온 세상의 동물들이 하나님의 이끄심을 따라 아담 앞으로 이름을 받으러 온다. 생각이 있는 아담이 발견한 것은 하나님의 위대하심이다. 어떤 생물학자는 말하기를 창조 당시 생명의 개체수가 지금의 4천 배가 넘었을 것이라 한다. 노아 홍수 이후 생물체들은 엄청나게 멸종당했고 지금도 계속 사라지고 있다. 아담은 지금의 동식물, 곤충들과 비교할 수 없는 종류의 아름답고 희귀한 창조물들에게 이름을 붙이면서 어찌 하나님을 찬양하지 않을 수 있었겠는가? 타락 이전의 우리 인간의 가장 중요한 한 가지 존재 목적은 하나님을 창조주로 인식하고 그 분께 감사와 찬송과 영광을 돌려드리는 것이었다(고린도전서 10:30).

인간의 문제

나는 대학 입학 전까지 교회라고는 가본 적이 없다. 그러다가 한 선교단체에서 꼬드김을 받아 수련회까지 따라가게 되었다. 이 과정을 전문용어로 '꼬실라이제이션'에 빠졌다고 한다. 수련회 기간 동안 하루하루가 고문이었다. 모르는 노래를 한 시간씩 불러야 했고, 식사도 숙소도 불편했고, 성경 구절을 암송해야 밥을 먹는 이상한 관습도 힘들었다. 그나마 조금의 위안이 되었던 것은 수련회에 참석한 여학생들이었는데, 미팅에서 만났던 여학생들보다 확실히 순수해 보였다. 하지만 그들이 소리 지르며 기도하는 모습을 보면 입맛이 뚝하고 떨어졌다. 도저히 그런 광신적인 분위기를 참을 수 없어서 돌아가려 했지만, 주변의 권유로 꾸역꾸역 마지막 날을 맞았다.

3일 동안 안 들리던 설교였는데, 그날 저녁시간 목사님의 설교가 귀에 들려 왔다. "모든 사람은 죄를 갖고 태어나서 그 죄 때문에 영원히 죽습니다." 죄…… 갑자기 1년 전 돌아가신 바보 누님이 떠올랐다. 나는 공부는 못했지만, 어머니에겐 착한 아들이었고 착하게 살았었다. 고1쯤 되었을 때 어렵사리 해 놓은 숙제 노트를 찢어 놓은 바보 누나에게 화를 참지 못하고 등짝을 손바닥으로 때리기 시작해 눌려 살던 사춘기의 분노를 쏟아 놓은 적이 있었다.

누나의 몸에 멍이 들긴 했지만 며칠이 지난 후 멍도 사라지면서 그동안 아무 일 없이 지났다고 생각했는데, 그로부터 몇 년이 흐른 대학생 수련회 마지막 날 '죄' 라는 단어에 가슴속이 찔리는 체험을 했고, 그날 밤 설교는 내 심령을 괴롭혔다. 자꾸 나에게 맞던 바보 누나의 겁에 질린 얼굴 표정이 떠올랐기 때문이다. 모자를 눌러 쓰고 혼자 괴로워하다가 태어나서 처음으로 기도라는 것을 했다. "저의 죄를 용서해 주…세…요." 말을 잇지 못하고 결국 눈과 코에서 물이 쏟아져 내렸다.

죄란 무엇인가?

인간은 하나님의 피조물인데 그것을 깨고 인간 자신이 창조자 자리에 앉으려 시도했기에 안식은 깨지게 되었다. 선악과는 하나의 과일이라기보다, 하나님을 창조자로 인정하는 순종의 언약이었다. 보암직도 먹음직도 한 것보다, 하나님처럼 지혜롭게 될 수 있다는 사실이 마음을 움직였을 것이다. 하나님 자리를 차지하려다가 쫓겨난 인간이 다시 하나님께로 회귀되기 전까지는 그 어떤 자리, 어떤 일로도 참 만족, 안식을 누릴 수 없다.

우리가 흔히 죄라 생각하는 거짓말, 도둑질, 간음, 살인… 등등 이런 것은 죄의 결과이지 죄의 근원이 아니다. 죄란 하나님이 인간을 창조하신 피조물로서의 본래의 목적 즉 하나님께 영광을 돌림에서 벗어난 것을 말한다. 성경 속에 등장하는 모든 인간 100%는 결국 본래의 창조 목적에 맞게 살아감에 실패한다. 애초부터 선하지 않은 사람, 잘나가다가 실패한 사람, 막나가다가 겨우 자리 잡고 사는 사람 등 형태는 좀 다르지만 단 한 명도 예외 없이 불가능한 죄인임을 보여준다.

이 책의 1장에서 보았던 세 가지 질문을 떠올려 보자. 인간이란 어떤 존재인가? 무엇이 문제인가? 어떻게 해야 하는가? 성경이 주는 답은 이렇다. 인간은 하나님의 피조물이며, 죄의 값에 따라 얻게 되는 죽음이라는 피할 수 없는 문제가 있으며, 영원한 사망에 가지 않으려면 예수님을 믿어야 한다고 말한다. 문제는 예수는 내가 믿겠다고 해서 되는 것이 아니라는데 있다. 나의 경우도 성령

께서 감동을 주시고 내가 죄인임을 깨닫게 해 주셨기에 구원을 누릴 수 있는 은혜를 받았다. 인간은 절대로 스스로 하나님을 찾을 수 없다. 그분이 찾아오셔서 계시를 해주셔야만 구원의 감격을 누릴 수 있다.

나는 내가 원해서 이 땅에 태어난 것이 아니다

맞다. 이 세상 사람 누구도 자기가 원해서 태어난 사람은 없다. 국가, 부모, 환경, 성별을 선택할 수 없다. 문제는 부모도 아이의 모습, 성격, 성별을 선택해서 낳을 수 없다. 그럼 누가 조정한다는 말인가? '자연이 선택한다' 라고 생각하는 철학을 '정글철학' 혹은 '정글 세계관' 이라 한다. 진화론이 대표적인 것이다. 진화론은 과학이 아니고 철학이다. 이것이 틀렸음을 우리는 2장과 3장에서 보았다. 절대로 내가 누구인지, 어디로 가고 있는지 알 수 없다. 반면에 이 땅에 나를 보내신 분이 있다고 믿는 것을 '창조철학' 혹은 '기독교 세계관' 이라 한다. 이것은 그냥 교회를 다닌다는 의미가 아니다. 진정으로 나의 주인은 내가 아니라 하나님이라 고백하는 삶을 말한다. 그러니 내 피부색깔, 내 환경, 부모, 가족, 성격까지 모두 세상에서 가장 지혜로운 분의 뜻이 있다고 믿으며 살 수 있는 것이다.

하나님을 믿는 사람의 특권은 더 축복받아 인생이 잘 풀리거나, 사고의 위험을 피하는 것에 있지 않다. 오히려 예수님을 진정으로 따랐던 제자들이나, 바울, 초대교회 성도들, 우리나라에 복음이 전해졌던 초창기 순교자들을 보면 더 힘들고, 어렵고, 고난의 삶 자체였다. 나를 하나님이 사용하시는 도구로 드리는 것이 아니라, 자신의 꿈을 이루는데 하나님을 이용하는 것이야말로 하나님이 가장 미워하시는 최고의 우상숭배에 지나지 않는다. 더욱이 하나님은 우리에게 이용당하지도 않으신다. 하나님을 믿는 사람과 믿지 않는 사람의 가장 큰 차이는 내 인생이 우연히 던져진 것이냐? 아니면 나를 향한 목적과 계획을 갖고 계신 분이 있느냐?의 차이이다. 아무리 세상의 철학, 과학을 알고, 명상을 해도 내가 어디로부터 왔으며 어디로 가는지는 결코 알 수 없다.

역사가 주는 한 가지 메시지

내가 중국 선교사로 가기 전 중국에 대해 겨우 알고 있었던 건 삼국지 정도였다. 조금 더 발전해 초한지를 읽고, 십팔 사략을 읽어 가는데 한 가지를 발견했다. 시대와 인물과 배경은 달랐지만, 중국 수천 년의 역사 속에 흐르는 것은 가장 높은 권력을 향한 술수, 반목, 살인, 패역, 배신, 회유였다. 아무리 우리가 좋아하는 재갈공명이라 하더라도 한 사람의 권력자를 세우기 위해 머리를 짜내어 더 많은 사람을 죽였을 뿐이다.

나의 모친께서 삼국지를 읽으면 지혜로워진다고 하셔서 어린 시절부터 수십 번 읽었다. 그 속에 대인관계법, 대세를 읽는 법 등이 들어있다. 그러나 결국엔 남을 누르고, 회유하고, 공갈하고, 남의 약점을 이용하고, 자신은 남의 술수에 당하지 않도록 조심하여 결국 내가 세상이라는 정글 속에 사는 법을 배우는 것이었다.

그런데 생각해 보자. 이 어디 중국 역사뿐인가? 인류 모든 역사, 경제가 그것을 이야기 하지 않는가? 비관적일지 모르지만, 세상은 소수의 기득권자들이 힘을 영원히 가지려고 노력하면서 갈수록 피폐해지고 악해질 뿐이지 결코 모두가 다 잘사는 세상은 오지 않는다는 것을 인류 역사는 보여준다. 의학이 발달하면 덩달아 인신매매가 기세한다. 남의 장기를 힘으로 빼앗아 자기를 살리기 위해서다. 과학의 최첨단 기술은 무기를 만드는데 제일 먼저 사용된다. 나의 정력과 시간과 젊음을 바치고 있는 회사는 결국 글로벌 경영하면서 제3세계 사람들의 노동력을 착취하며 성장하고, 더 많은 돈을 벌기 위해 골목 상권도 불사하고, 하청 받아 운영하는 중소기업도 가족과 친척 회사로 다 바꾸어 자기 가족만 잘 살기를 꾀한다. 거기서 나오는 수익금으로 하는 장학금사업, 사회사업은 기업 이미지를 더 높여 더 많은 이윤 창출을 위함이다. 권력은 더 말할 필요도 없겠다. 사실 종교세계도 마찬가지다.

내가 이렇게 인류에게 희망이 없다고 말하는 이유는 혹이라도 이 책을 읽는 목적이 세상이라는 정글에서 쉽게 인기를 누리고, 남보다 더 높은 고지를 차지하고, 쉽게 부자로 살고자 함이라면 여기에서 읽기를 멈추고 책을 덮으라고 권하기 위함이다. 그냥 자기관리법, 성공하는 법, 축복받는 법을 읽는 것이 훨씬 낫다. 우리가 믿는 하나님이 우리에게 보내 주신 성경은 오히려 그 반대의 길을 제시함을 상기하라. "좁은 문으로 들어가라!", "인자(예수님)가 온 것은 섬기려 하고 나의 목숨을 죄인들을 위해 주기 위함이다." 라고 하셨다.

우리는 4장을 통해 인류의 궁극적인 질문에 대한 성경의 답을 살펴보았다. 우리 자체는 희망이 없는 존재임을 본 것이다. 희망이 없으면 없을수록 답을 예수 그리스도에게서 찾을 수 있다. 이것이 진정 "내가 약할 때 강함되시네"이다. 예수 그리스도 없이는 어떤 답도, 희망도 가질 수 없다. 내가 예수님을 믿고 싶어서 믿는다면 얼마나 쉽겠는가? 교회를 어렸을 적부터 다녀서 종교 행위는 있지만, 예수님이 믿어지지 않는 사람을 많이 만나 보았다. 예수님을 영접하는 기도는 금방 따라한다. 그러나 예수님과 관계가 없다고 자신의 내면이 이야기 할 뿐이다. 예수님을 믿는 것은 너무 쉽기도 하지만, 우리 스스로 믿음을 갖는다는 것은 불가능하다. 나는 교회를 다녀본 적 없는 대학생이 기독교 단체의 수련회에 참여해 4박 5일 동안 그 좋은 이야기, 주변 친구들의 깊은 사랑까지 받아 너무 감격스러워 하면서도 예수님이 믿어지지 않는다면서 우는 경우를 상담한 적이 있다. 믿고 싶은데 안 믿어진다면서 우는 것이다. 그때 나는 더 확신했다. 세상에서 가장 큰 기적은 내가 예수님을 믿고 있다는 사실이라는 것을.

옛 사람을 버리고 새 사람을 입자

나의 주인은 나 자신이라는 생각, 높은 자리, 더 많은 돈이 성공의 기준이라는 생각을 내려놓지 않고는 절대로 나를 덫으로 잡고 있는 항아리에서 손을 뺄 수 없다. 결국 덫을 놓은 사냥꾼에게 잡혀 팔려간다. 행여나 헌금, 주님께 드리는 시간, 큐티 등이 내게 돌아올 성공의 부메랑이 될 것이라고 생각하고 있다면 나의 주인은 성공이지 하나님이 아니다. 당연히 지옥 불에 던져질 죄인인 나를 은혜로 구원해 주신 하나님께 감사하는 것이라면 더 드려도 모자란다. 그래서 "마음을 다하고 뜻을 다하고 힘을 다하여 주 하나님을 사랑하라"고 말씀하고 계시고, 오직 거기에서만 생명수를 얻을 수 있는 게 우리 인생이다.

왜 하나님이 질투하시겠는가? 사랑하는 우리가 예수라는 생명수를 마시고 생명 얻기를 원하시는데, 자꾸 다른 썩은 불량식품을 먹으려 하니까 막대기로 쳐서라도 불러 돌이키시는 것이다. 그 모양이 사람의 언어로는 마치 하나님이 질투하는 것으로밖에 표현될 수 없었다. 다시 권한다. 우리 속에 뿌리내린 자본주의, 성공주의의 썩은 물을 토해 내야 생수를 넣을 공간이 생긴다. 이제 5장으로 가서 나를 향한 하나님의 계획에 한 걸음 더 나아가보자.

Chapter Five

누구에게나 주어진
한가지 선물.

제 5장 나도 잘하는 게 한 가지는 있다

잘하는 것을 발견한 순간!

불우했던 어린 시절 가정통신문 취미 란에 적을 것이 없었다. 빈칸을 억지로 채워야 해서 벽지 무늬 보기, 아무거나 상상하기를 적었다가 선생님한테 혼난 적이 있다. 잘하는 스포츠 종목 하나 없고, 예술, 음악 계통도 소위 꽝이다. 지금까지 잘 다룰 줄 아는 악기가 없다. 내가 자랄 당시만 해도 우리 동네에서 악기를 배운다는 것은 사치였다. 집은 늘 돈에 쪼들렸다. 게다가 공부도 못했다. 외모에 대한 언급은 생략하겠다. 그럼 아무 것도 내세울 것이 없다는 것이다. 그러던 중 내가 잘하는 것을 발견하는 황금 기회가 왔다.

하루는 친구들과 거금 150원을 들고 우리나라 최초의 애니메이션 '로봇 태권브이'를 관람했다. 당시 극장 관람료가 그 가격이었다. 흑백 텔레비전 시절 극장에서 상영한 칼라 영화는 경이로움 그 자체였다. 그 감격을 어머니께 전하고 싶었다. 저녁식사를 먹는 둥 마는 둥 하고, 밤 늦게까지 일하고 돌아오신 어머니께 한 시간짜리 영화를 두 시간 가까이 줄거리와 내 감동을 전해 드렸다. 거금 150원 본전을 뽑고 싶었고, 세상살이에 찌드신 어머니께 극장 구경 시켜 드릴 형편이 안 되니 말로라도 잘 전달하고 싶은 마음이 컸다. 나름 그게 효도라고 생각했던 것 같다. 어머니는 피곤하신 몸을 참으시며 내 이야기를 다 들으신 후 평소에 안하시던 칭찬을 다음과 같이 해주셨다. "너는 물에 빠져 뒤져도 주둥아리는 둥둥 뜰 거다." 당시 유행처럼 했던 말이기도 했지만, 내 머리에 번쩍 들었던 생각은 '그래 나는 공부, 운동, 예술, 음악 어느 것 하나 잘하지 못하지만, 말하는 것으로 먹고 살 수 있겠구나.'였다. 굼벵이도 구르는 재주가 있다는데 설마 하나님이 이 땅에 보내신 우리랴!

내게 힘을 주었던 말

"하나님 나라에는 쓰레기통이 없다."라는 말은 많은 사람들이 인용하는 말이기도 하다. 길지 않은 인생이지만 돌아보건대 기억에서 지우고 싶은 순간들이 아직도 뇌간에 남아 있다. 초등학교 시절 미술시간 준비물을 챙길 형편이 안 되었다. 스케치북 한 장을 얻으려 했지만, 아무도 내게 주는 친구가 없었다. 결국 미술시간 한 시간 내내 벽을 보고 서 있는 벌을 받았다. 반 60명의 친구들이 세상에 없어지기를 바라면서 벽을 보며 눈물을 삼켰던 그 순간을 쓰레기통에 버리고 싶다.

새벽 두 시, 술에 취해 오랜만에 들어오신 부친은 모친을 구타하다가 갑자기 마당으로 나오셨다. 화장실 옆에 있는 부삽을 방으로 들고 들어가 모친을 내리치시던 장면은 쓰레기통에 넣고 싶은 또 한 순간이다. 예수님을 믿은 후에도 미성숙함으로 인해 실수한 쓰레기 같은 수많은 사건들이 있다. 그런데 하나님은 "네가 나의 나라에 들어온 이상 쓰레기통에 넣을 사건은 없다. 모든 것이 합력하여 좋은 대로 사용될 거야."(로마서 8:28) 하신다. 이게 은혜이다. 기독교 세계관이란 창세기부터 계시록까지 성경을 아는 지식이 아니라 하나님이 세상의 주인, 하나님이 나의 주인임을 고백하는 삶을 말한다.

소명과 도구

이 땅에서 내가 무엇을 하며 살아야 하는가를 '소명'이라 한다. 내가 선택하는 것이 아니라 하나님께서 나에게 주시는 것이다. 나에게 소명을 주신 분은 반드시 그것을 이룰 도구를 주신다. 그것을 은사라고 한다. 예수님을 믿는 사람의 가장 큰 무기 중 하나는 바로 이 안전감이다. 내 삶은 전능자의 계획 아래 있으며 그 계획을 이룰 기회와 도구를 반드시 주신다는 믿음이다. "내가(예수님) 온 것은 양으로(예수님을 주인으로 따르는 사람) 생명을 얻게 하고 더 풍성히 얻게 하려 함이라"(요한복음 10:10).

예수님이 이 땅에 오신 두 가지 목적을 말씀하시는 구절이다. 예수님은 우리를 천국으로 데려가기 위해서만 오신 것이 아니라, 풍성한 삶을 주시려고 오셨다. 여기에서 풍성한 삶이란 인생 성공을 이야기하는 것은 아니지만, 하나님과 그를 진정으로 따르는 사람은 세상이 줄 수도, 알 수도 없는 풍성함을 반드시 이루게 해주신다.

세 종류의 인생

우리 조상은 난 사람, 든 사람, 된 사람 이렇게 세 종류로 사람을 구분했다. 재주가 뛰어난 사람, 학문 수준이 높아 아는 게 많은 사람, 인격이 훌륭한 사람으로 나눈 것이다. 으뜸은 된 사람이다. 그러나 우리는 좀 달리 생각해보자. 성공이란 단어가 주는 잘못된 어감이 있기에 '인생1, 인생2, 인생3' 으로 표현해봤다.

인생1, '나의 모든 것을 던질 수 있는 일을 발견하여 일평생 자신이 잘하는 것으로 재미있고 의미 있게 사는 인생'

인생2, '주변이 원하는 일을 하고 있지만, 틈틈이 시간을 내어 삶을 행복과 의미로 채워가는 인생'

인생3, '일평생을 이런 일을 할걸, 예전에 이렇게 하지 말걸 하는 껄껄하며 사는 인생'

인생3은 아무도 원하지 않는 삶이니 넘어가더라도 인생1, 2는 숙고를 해봐야 한다. 인생1의 약점은 물질적 풍요로움을 약속해주지 못한다는 것이다. 어쩌면 일평생 굶주린 배를 안고 살 수 있다. 일반적으로 자기가 좋아하는 일을 하면 자연스럽게 잘하게 되고 소위 대박이 날 확률이 높다. 그러나 보장은 할 수 없다. 인생2

는 경제적 안정을 약간 보장해 줄 수 있지만, 삶의 한편에 늘 아쉬움이 있을 수 있다. 사람들의 거의 대부분의 삶이 '인생2' 에 속한다. 그러나 실상은 여기에 이르는 것도 쉽지 않다. 그리고 가치가 없는 삶도 아니다. 하지만 나는 이 책을 든 당신에게 강력히 권한다. '인생1' 에 도전하라. 나에게 특별히 주신 한 가지를 잘 찾으면 가능하다.

비전은 소명이다

하나님은 우리 각자의 삶에 소명을 주셨다. 그 소명을 가지고 우리는 이 땅에 태어났다. 음악, 스포츠 등에 어린 시절부터 두각을 나타내는 신동이라는 사람들이 있지만, 아직 뭔가가 두드러지지 않은 채 사는 사람이 몇 만 배 더 많다. 대학 입학 후 전공을 바꾸는 학생들이 상상외로 많다. 졸업 후 자신의 전공 관련 직업을 갖고 사는 사람이 30% 미만이란 소리도 들었다.

전기공학을 한 나도 목사가 되었다. 공대 출신 목사를 너무 자주 만난다. 미술대학 교수인 친구에게 물으니 졸업생들 중 미술 전공 관련 직업을 갖고 있는 사람은 10% 미만이라 한다. 더 낮다. 보다시피 인생의 방향을 빨리 결정하는 것이 능사가 아니다. 내 세계관의 기초를 든든히 하는 것이 훨씬 중요하다.

구약성경 속 등장인물인 요셉은 아주 어린 시절 꿈(자면서 꾼 꿈)을 꾸었고, 아버지는 그 꿈을 마음에 두었다. 우리는 그의 결과를 알고 있다. 요셉은 이웃나라이자 당시 세계 최대 강국 이집트의 총리대신이 되었다. 어린 시절 암시는 있었지만, 그 꿈이 이집트 총리가 되는 것인지는 되고 나서야 알았다. 만약 꿈 속에서 하나님께서 너는 이집트의 총리가 될 것이라고 말씀하셨다면, 억울한 노예생활, 누명으로 감옥생활을 겪을 때 그 상황을 이해하기 힘들었을 것이고 오히려 꿈과 현실의 괴리감에 더 괴로웠을 것이다. 그의 인생에서 오직 하나님만 바라볼 수밖에 없을 때 비로소 진정한 꿈을 깨닫고 자신의 삶을 하나님의 관점으로 디코딩하는 안목이 생기는 것이다. 이게 우리의 인생이고 참 비전이다. 참 비전은 오직 예수 그리스도라는 아주 명료한 그러나 쉽지 않은 답이다.

이 책의 앞머리에 말했지만, 하나님은 우리에게 한눈에 들어오는 지도나 내비게이션을 주시지 않는다. 대신에 변하지 않는 북쪽을 가리키는 나침반을 주셔서 폭풍을 만나거나, 태풍으로 인해 길이 없어진 후에라도 방향을 제대로 잡고 갈 수 있게 하신다. 인생의 최고 최후의 목적지는 예수 그리스도, 그 목적지로 가는 방향을 알려주는 나침반은 하나님의 말씀임을 말하지 않아도 알 것이다. 세 가지 원초적인 질문의 답을 이젠 분명히 알았다. 그러나 내가 당하고 있는 현실과 거리감이 너무 크다. 그래서 우리는 하나님께 겸손히 머리를 숙이고 한 걸음씩 물으며 나아가야 한다.

이 땅에 사는 동안 가장 소중한 것

가장 소중한 것은 관계이다. 사람이 죽을 때 마지막까지 붙드는 것이 그것이기 때문이다. 후회가 가장 많이 남고, 가장 아쉽고, 아픈 것은 그 중에서도 가족관계이다. 호적에서 내 이름을 파 가도 (옛 어른들은 호적에서 판다는 표현을 극단적으로 사용하신다.) 맺어진 관계는 이 땅에서 숨을 쉬는 동안 계속된다.

나는 개인적으로 삶의 변화를 갈망하다가 상담을 받은 일이 있다. 주변에선 나같이 건전하고 멀쩡한 사람이 상담을 받는다고 뭐라 했지만, 내 인생의 삶의 변화를 꼭 보고 싶었다. 분노를 다스리기 위해 용서하는 과정을 몇 주간이고 계속 가졌다. 기도하고, 편지 쓰고 사과하는 등등 처음엔 내 안에 있는 분노를 처리하는데 기뻤다. 그런데 갈수록 용서를 주고받아야 할 대상을 좁혀가면서 가장 큰 상처를 주고받은 사람은 가족이었고, 맨 마지막엔 나 자신과의 화해였다. 너무 가까워서 진심으로 사랑하려고 하면 할수록 상처는 더 남고, 그렇기에 가장 아쉬움이 남는다.

청소년에게 추천하고 싶은 영화는 아니지만, 적은 재정으로 만든 인디영화 가운데 가족관계를 가장 뼈아프게 표현한 영화가 있다. 아버지와 아들과의 관계를 그려낸 영화였다. 그 영화에서 아들이 인생 쓰레기가 되도록 만든 사람은 바로 자신의 아버지였다. 아버지를 미워할수록 그 아들은 악당 중에 악당이 되어간다. 자신의 어머니를 죽인 아버지가 감옥에서 풀려나는 날 바로 그 자리에서 죽이고 싶었다. 그런데 차마 그러지 못한다. 산동네 쪽방에 아버지를 쳐박아 놓지만 어디를 가도 화가 난다. 어느 날 저녁, 술을 마시고 오늘 밤은 "그 새끼(아버지)를 죽여야지." 하며 칼을 들고 찾아간다. 그런데 아버지가 피를 토하며 쓰러져 있다. 자기도 모르게 아버지를 등에 업고 아버지의 생명을 구하기 위해 병원으로 뛰면서 세상에서 가장 질긴 게 핏줄이라 말한다.

내가 말하는 게 무엇인지 알아들었을 것이다. 이 땅에 살면서 지켜야 할 가장 중요한 것은 가족, 가정이다. 세상의 어떤 큰 비전보다 더 큰 비전, 가장 근본적인 비전은 가정을 세우는 것이다. 사도 바울과 같은 소명이 아니라면, 내 자녀 같은 아이들아! 꼭 결혼 하거라. 그리고 아이를 낳고 기르거라. 조금 가난하게 살 각오를 하고 아이도 많이 낳거라. 하나님은 우리에게 무엇을 이루라 하기 전에 가정을 주셨다. 부모의 가장 중요한 역할 중의 하나는 하나님이 주신 일을 행복하게 하며 사는 것이다. 네 부모가 설령 그렇게 살지 않고 있더라도 네 부모의 삶이 너를 점령하지 못하게 해라. 너부터 하나님이 주신 일을 행복하게 하며 살면 된다. 가정에 흐르는 저주, 피를 타고 흐르는 나쁜 습관 이런 것은 없다. 그런 게 있었다면 나는 벌써 가정파탄자, 알콜중독, 도박중독, 무책임, 소통 부재의 사람이 되었을 것이다. 예수 그리스도 안에 있으면 누구든지 새로운 피조물이 된다(고린도후서 5: 17).

마지막으로 한 영상을 더 소개할까 한다. 싱가폴 가정협회에서 만든 공익물인데 감동이 있다. 남편의 장례식장에서 아내가 하객들에게 마지막으로 말을 하는 장면으로 시작한다. 엄숙한 분위기인데 아내는 남편을 칭찬하는 말을 다른 사람들이 이미 충분히 했기에 자신은 사람들이 좀 불편해 할지 모르지만, 일상 중에 일어났던 그것도 침대에서 일어난 일들을 이야기하려 한다면서 입을 연다. 내 남편의 코고는 소리는 아침에 시동이 걸리지 않는 자동차 소리 같다고 소리까지 흉내 내어 장례식 하객들을 웃긴다. 망인의 아내는 이야기를 계속한다. 코고는 소리뿐 아니라 내 남편은 자면서 방귀를 낀다고 한다. 그 소리에 남편 스스로가 깰 때도 있다는 것이다. 사람들이 더 큰소리로 웃는다. 그때 그 여인이 다시 입을 연다. "사랑하는 사람을 잃으면 이런 소소한 것들이 생각납니다. 저는 그 소리가 그립습니다. 그 소리는 나의 남편 '데이빗'이 아직도 살아 있다는 증거였으니까요."라고 말한다.

그러면서 덧붙이길 사람은 다른 사람의 '아름다운 결점' 때문에 더 사랑할 수 있다는 암시를 주면서 자신의 자녀들에게 "얘들아 너희들도 '아름다운 결점'이 있는 사람을 만나거라. 너희 아빠가 나에게 그랬던 것처럼." 마지막 대사이다. 매우 감동적이다. 가족은 그런 것이다. 불완전하기 때문에 서로가 필요하고, 아무리 행복을 만들려 해도 하나님이 그 마음을 주시지 않으면 억지 행복은 안 되는 불완전한 존재이다. 그래서 우리가 비전 찾는 여행을 하기 전에 가장 중요하고 먼저 염두에 두어야 할 것이 하나님이 주신 내 가정을 만드는 것임을 잊지 말자.

(가족)

서점에 가면, 일단 꿈이 생기면 어떤 자세로 살아야 꿈을 이룰지를 다룬 책들이 여러 권 나와 있고, 롤모델이 될 자서전류의 책들이 여러 권 있다. 책으로 나올 정도의 인생이라면 반드시 배울 것이 있다. 꼭 읽어볼 것을 권한다. 또한 자신을 발견하는데 도움을 줄 성격, 인성, 다중지능 검사들도 도움이 될 것이다. 자신을 발견, 개발하는 것은 평생을 거치는 일이다. 끊임없이 성찰하고, 겸손하게 새로운 시도를 하는 사람은 그 삶 자체가 꿈 같은 삶이다. 그러나 여러 종류의 성격 검사를 합쳐 놓은 것이 내가 아니며, 많은 사람의 삶을 흉내 내는 것의 산물이 내 인생이 아니다. 나를 이 땅에 보내신 절대자 앞에 묻고 답하고 진지하게 발견되어야 올바른 '나'를 찾을 수 있다. 그리고 그 위에 내 삶을 세워야 한다.

6일 동안 할 일

자 이제, 한 단계씩 나아가 보자. 오늘은 5장까지의 글만 읽고 내가 이 땅에 있음이 우연이 아니고 나를 향한 하나님의 풍성한 계획이 있음을 묵상하며 감사 기도를 드리자. 그리고 남은 6일 동안 하루에 하나씩 하나님이 보여주시도록 기도하며 진행해 나가 보자. 뒤에 나오는 워크숍에 어떤 능력이나 신비가 있는 것이 아니다. 나의 주, 나의 하나님께 물으며 듣는 자세가 귀한 것이다. 다음과 같이 기도하며 나아가자.

"하나님, 제 인생은 저의 것이 아닙니다. 저는 당신의 작품이고, 저에 대한 계획은 오직 하나님만이 아십니다. 하나님께 순종하며 하나님의 계획에 맞추어 살기 소원합니다. 저를 향한 하나님의 계획을 하나님께 물으며 묵상할 때 비전을 보여 주옵소서. 제 속에 심겨놓으신 하나님의 계획을 발견하게 하옵소서. 예수님의 이름으로 기도합니다. 아멘."

메모

글을 읽으면서 느낀 것이 있으면 잊기 전에 여기에 메모를 해 놓자.

Workshop

나에게 주신 한 가지를 찾기 위한 워크숍에 들어가며 기억할 것

1. 이 땅에 나의 존재는 하나님으로부터 시작되었음을 믿으라.
2. 지금 이 글을 읽고 있는 자체가 소명이 있기 때문임을 상기하라.
3. 나를 향한 최종 목적은 '하나님께 영광' 임을 마음 판에 새기라.
4. 기도(영성), 머리(이성), 가슴(감성), 눈 (관찰), 발(경험)을 사용할 준비를 하라.

Work shop

〈둘째 날〉
하고 싶은 일 작성하기

• 하나님께서 나의 마음에 꿈을 보여주시도록 지금 기도하라.

• 인터넷에서 엘런 왓츠 교수의 영상을 찾아보라(영상을 볼 수 없는 사람을 위해 아래 설명을 해 놓았다).

• 설명 : 많은 학생들이 앨런 왓츠 교수를 찾는다. 이유는 대학 졸업을 눈앞에 둔 학생들이, 졸업 이후 무엇을 해야 할지 전혀 감이 없었기 때문이다. 그럴 때마다 교수는 "만약에 돈 버는 것을 염두에 두지 않는다면 무엇을 하고 싶은가?"라고 되묻는다. 대부분의 학생들은 '화가, 시인, 소설가' 등이 되고 싶다고 이야기 한다. 그러나 그런 직업으로 돈을 벌기 어렵다는 것을 안다. 어떤 친구들은 말을 타고 싶다고 말한다. 그럼 말을 타는 것을 가르쳐 보는 것은 어떠냐고 질문하면 "글쎄요."라는 답이 돌아온다.

"그럼 무엇을 하고 싶은가?" 되묻고 그 하고 싶은 것을 하라고 도전한다. 돈은 잊어버리라. 만약 돈이 목적이 된다면 거기에 얽매이고, 하기 싫은 일에 묶이고, 억지로 묶인 삶을 살았던 부모세대의 대물림을 하게 될 것이다. 그것은 바보 같은 일이다. 자신이 좋아하며 의미 있는 일을 하다보면 나름 보상을 받게 될 것이고, 그 일 가운데 같은 방향을 걷는 사람들을 만나게 될 것이다. 그렇기에 인생에 가장 중요한 질문 중에 하나는 이것이다. “내가 진정으로 무엇을 원하는가?”

- 다음 글을 읽고 질문1에 답하는데 충분한 시간을 투자하라.

> 중국에 있던 어느 날 나는 이메일 한통을 받았다. 상해에 있는 샹그릴라 호텔에서 미국의 스폰서에게 내가 갖고 있는 프로젝트를 설명할 수 있는 기회를 주겠다는 메일이었다. 눈을 의심할 정도였다. 아무 연고도 없는 나를 초대할 사람이 있을 리가 없다는 생각이 들었기 때문이다. 더 큰 문제는 당시 나는 영어를 못할 때였고, 초청자가 미국에서 오는 크리스천 사업가였던 것이다.
>
> 아무튼 날짜에 맞추어 갔는데, 정말 내 이름으로 호텔방이 예약되어 있었다. 조찬모임에 나 외에 초대된 7명의 미국인과 함께 식사를 하게 되었다. 드디어 그 분이 수행원과 함께 나타났고 유머를 주고받으며 식사가 시작되었다. 나는 당시 무슨 말인지 알아듣지 못했으나 최소한 농담을 하고 있는지는 눈치로 알았다.
>
> 식사가 어느 정도 진행되자 한 사람씩 자신의 프로젝트를 설명하기

시작했다. 당시 진짜로 영어를 못해 사람들이 발표하는 프로젝트의 십분의 일도 알아듣지 못했다. 한 사람이 설명을 마치고 자신의 프로젝트가 설명된 인쇄물을 수행원에게 넘겼다. '저렇게 하는구나.' 경험이 없던 나는 속으로 놀랄 뿐이었다. 나는 아무것도 가져 온 게 없었다. 내 순서가 될수록 손에 진땀이 났다. 그 비싼 5성급 호텔 아침식사가 무슨 맛인지 알 수 없었다. 두 번째, 세 번째 사람도 뭔가 설명하고 인쇄물을 건넸다. 프로들이었다.

결국 내 순서가 되어 나는 중국말로 하고 영어로 통역을 부탁해서 몇 마디를 한 뒤, 짧은 영어로 간단히 몇 마디 덧붙이고 "기도를 부탁합니다."라고만 이야기 하고 앉았다. 잠시 썰렁함에 정적이 흘렀지만 무사히 지나갔다. 나중에 알고 보니 초대된 8명 중에 소수에게만 재정 지원을 해준다는 것이다. 돌아오는 비행기 속에서 나는 재정 지원은 이미 포기했고, 내가 그런 자리에 초대된 것만으로도 감사했다. 그런데 기적이 일어났다. 3주 후 프로젝트를 진행할 충분한 돈을 지원해 준다는 통보를 받았고, 실제로 재정이 들어왔다. 다음에 들었던 의문은 '그 사람이 왜 나를 선택했을까?' 였다. 지금도 그 답은 알 수 없다. 실제로 있었던 이야기이다.

자 그럼 이제는 당신 차례이다. 어느 날 한 엄청난 부자에게 전화가 왔다. 나의 꿈을 이루도록 돕고 싶다는 것이다. 돈 걱정은 하지 말고, 내가 하고 싶은 프로젝트 목록을 보내 달라고 한다. 어떤 꿈의 목록을 보내야 할까? 질문1은 다음과 같다.

질문 1. 누군가 당신에게 꿈을 이룰 만한 충분한 재정과 시간을 준다면 무엇을 시도하겠는가? 리스트를 작성해 이메일로 보내달라는 요청을 받았다면 어떤 리스트를 작성하겠는가?

10개의 리스트를 만들라. 리스트 하나마다 꼭 하고 싶었고, 신나고 혹은 가슴 뛰는 일이어야 한다. 그리고 왜 하고 싶은지 옆에 적어 보라. 그냥 성의 없이 적지 마라. 우리 인생의 계획을 세우신 주님께서 기름 부어 주실 수 있다. 최고의 스폰서께서 바라보고 계신다.

미술을 공부하는 내 큰 딸은 첫 번째 리스트에 영국에 가서 일러스트 공부를 하고, 아이들 눈높이에 맞는 동화를 그리고 싶어 했다. 이유는 아이들에게 꿈을 그려주고 싶다고 했다. 두 번째 리스트에 선교사 자녀들을 미술로 상담해주며 치료해주고 싶어 했다. 자신이 선교사 자녀로 살면서 그런 사람이 있었으면 좋겠다고 생각하며 자랐기 때문이었다. 내가 하고 싶은 일에는 이유가 있다. 자 그럼 당신의 리스트를 작성해 보라. 천천히 그러나 확실하게 써라. 오늘 쓴 리스트가 현실이 될 수 있다고 생각하면서….

리스트

내가 하고 싶은 것은 무엇인가?(왜 하고 싶은가?)

1.

2.

3.

4.

5.

6.

7.

8.

9.

10.

위의 리스트를 발송했다. 바로 답장이 왔다. 갑자기 회사가 부도가 났다고 한다. 도와줄 수 없게 되어 미안하다고 한다. 그래도 꿈에 도전하고 "인생 1"을 살라고 당부한다.

질문 2. 황당하다. 꿈의 목록을 보내라고 할 때는 언제고, 갑자기 안 된다고 하다니. 그래도 잠시 마음을 추스르고, 내가 보냈던 위의 열 가지 목록 중 재정 지원이 없고, 시간이 촉박하더라도 지금 시작할 수 있는 일을 2~3개만 골라보자. 내가 선택한 그 일들을 하고 싶은 이유를 다시 생각하고 그 일들 사이의 공통점을 묵상하라. 떠오르는 생각들을 메모하라. 만약 곧바로 시작할 수 있는 일이 없다면, 시작할 수 있도록 하기 위한 조건을 만들어 내기 위해 무엇을 할 수 있는지 생각하라.

생각을 메모하고, 마음으로 정리하면서 하루를 보내라. 마지막 날에 종합할 것이다.

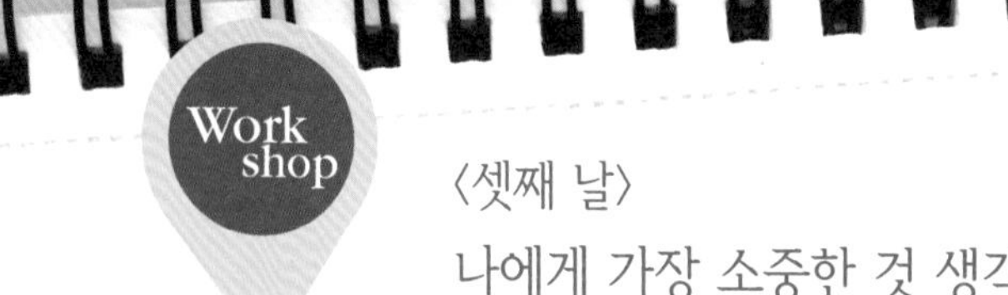

〈셋째 날〉
나에게 가장 소중한 것 생각하기

- 하나님이 오늘도 내 마음에 기름 부어 주시고, 주님께 순종하고자 하는 마음을 갖고 기도하라.

- 다음의 영상을 보라.

(앙스트블뤼테)

- 영상설명 : 오늘은 '앙스트블뤼테(Angstblüte)', '절체절명의 순간에 피는 꽃'이라는 생물학 용어를 선물하고자 한다. 앙스트는 불안이라는 뜻이고, 블뤼테는 꽃을 피운다는 의미이다. 세계적인 비싼 악기들은 가격이 상상을 초월할 정도로 비싼데, 그 명기들은 나무 중에서도 전나무로 만들어진다. 특히 전나무는 일상적으로는 꽃을 피우지 않는데, 환경이 열악해져 죽음의 위기를 맞게 되면 꽃을 피운다. 바로 그 꽃을 피웠던 그 전나무로 악기를 만들면 더욱 깊은 소리가 울린다. 같은 전나무라 할지라도 죽음의 고비를

맛본 나무는 그 울림이 다르다는 것이다.

이 이야기는 사람에게도 같은 적용이 된다. 시대에 큰 발걸음을 남긴 이들의 삶 또한 그랬다. 대표적인 예가 악성 베토벤이다. 그는 원래 음악의 천재성을 가진 사람이었지만, 귀가 안 들리기 시작했고 자살까지 가는 심적 고통을 견디고서 쓴 곡들은 이전의 곡들과 깊이가 달랐다. 우리가 알고 있는 베토벤의 운명, 합창교향곡 등의 명곡들은 베토벤이 육신의 귀로는 들을 수 없던 시절 영혼의 울림으로 만든 곡들이었다. 죽음의 불안을 느끼는 가장 어려운 시기에 가장 위대한 걸음을 딛게 되었던 것이다. 나의 생각에는 인간 스스로의 재능으로 할 때보다 절대적으로 나의 창조주에게 의지했을 때 그 인생이 더욱 빛난다는 사실이다.

몇 년 전 길을 가다가 가수생활 50년을 노래하는 이미자 씨 공연 포스터를 본 적이 있다. 그냥 지날 수 없어 폰으로 사진을 찍고 몇 분간 바라보며 생각했다. 나는 이미자 씨의 노래를 듣고 자란 세대는 아니다. 그렇다고 걸 그룹들의 이름을 외우는 세대도 아닌 낀 세대이다. 부를 줄 아는 이미자 씨의 노래 한 곡 없지만, 내가 분명히 아는 것은 한 사람이 한 가지 일에 50년을 해왔을 때는 그냥 50년이란 시간의 흐름만을 이야기하지 않는다는 것이다. 수차례, 아니 수십 차례 그만두고 싶은 고비들과 회의가 들 때도 있었을 것이다. 나는 음악을 잘 아는 사람은 아니지만, 이미자 씨의 노래를 들어보면 전나무가 꽃을 피워야 했던 그런 세월을 지나야 낼 수 있는 깊은 울림 있는 소리가 들린다.

또 다른 이야기로 50년씩 세월이 흐르지 않아도 그런 소리를 내는 사람이 있다는 것을 알게 되었다. 한참 노래를 잘 불러 뜨던 여가수 이야기다. 그녀가 인기 절정에 있을 때, 그녀의 동영상 파문으로 사회적으로 돌팔매를 받았고, 모든 매스컴에서 그 여가수는 사라졌었다. 한국문화 속에서 온갖 정신적인 매를 다 맞았고, 사회적으로 매장 당했던 그 가수는 몇 년 뒤 다시 일어서서 노래를 했다. 모든 눈총과 악성 댓글을 넘은 인간 승리였다. 이전엔 기교를 실력으로 삼았다면 지금 그녀의 노래를 들어보면 영혼의 울림이 있다. 전나무든, 사람이든 고통의 사선을 경험한 이후의 소리는 그 전과 다르다는 것이다.

이 글을 쓰고 있는 중간에 나의 사랑하는 제자이자 동역자였고, 내 나이보다 젊은 친구가 3년간의 암 투병 끝에 하늘나라로 갔다. 3일간 장례식에 함께 했고, 화장터를 지나 산에 묻고 돌아오는 길에도 죽음이 실감나지 않았다. '설마 이게 현실일까' 하는 몽롱한 상태였다. 죽음은 내 생각보다 훨씬 가까이에 있다. 이제는 당신의 차례이다. 꽃을 피워야 하는 전나무가 되어보라. 다음에 내가 나열하는 환경의 목록이 기분이 나쁠 수도 있지만, 내 이야기일 수 있다고 깊이 생각하며 실감해 보라.

질문 1. 아침에 일어나니 몸이 전보다 조금 무겁고 머리가 아프면서 어지럽다. 아침식사 후 두통약을 먹어도 낫지 않아 조퇴하고 집에 가서 쉬었다. 다음 날이 되어도 증상이 여전해 병원에 갔다. MRI를 찍어야 했다. 어지럼증과 두통은 뇌종양일 가능성을 생각해봐야 한다고 의사는 덤덤하게 이야기 한다. 결과는 3일 후 나온다. 만약 뇌종양이라면, 내 자신의 죽음은 내 생각보다 너무 가깝다.
무엇을 하다가 삶을 마무리하고 싶은가? 당신에게 가장 중요한 것은 무엇인가? 마무리하고 싶은 일, 꼭 한 번이라도 해 보고 싶은 일, 가장 중요하다고 생각하는 일의 목록을 생각해보라. 질문2도 읽어 보고 답해보자.

질문 2. 요즘 몇 달간 부모님의 사이가 좋지 않으시다. 두 분이 방에 들어가셨지만, 큰소리가 내 방까지 들린다. 마음이 어렵고 집에 들어오기 싫다. 그런데 오늘 아침엔 너무 조용하다 싶다. 아빠가 회사 출근도 안하시고 양복을 입고 나오신다. 엄마도 엄숙한 얼굴이다. 이혼 신청하시러 법원에 가신단다. 어떻게 내게 한 번도 묻지 않으시고 저렇게 결정하실 수 있나? 하늘이 노랗게 보인다. 나는 학교에 계속 다닐 수 있는 건가? 어떻게 해야 하지? 지금 공부가 중요한 게 아니다. 누구에게 말도 못한 채, 집에선 아무도 말을 하지 않은 채 일주일이 지났다. 큰 아버지께서 오셨다. 어른들끼리 이야기 할 것이 있다고 하신다. 나보고 나가 있으라 해서 나왔다. 사람들이 없는 공원에 서성거리다가 그네도 타다가 두 시간 뒤에 집에 살짝 들어갔다. 큰아버지는 보이질 않으신다. 가신 것 같다. 아빠가 나를 부르신다. "..........." 뭐라 하실 말씀이 있으신 것 같은데 말씀이 없으시다. 앞이 깜깜하다.

1) 나에게 무엇이 가장 중요한가? 무엇이 가장 소중한가? 그것은 물건이 될 수 있고, 어떤 가치도 될 수 있다. 그것을 다섯 가지 정도 써보자. 그리고 왜 내게 중요한지 이유를 써보자.

2) 그 중요한 것을 지키기 위해, 이루기 위해 나는 지금 무엇을 할 것인가?

3) 왜 그것을 하려는가? 묵상하고 메모해보자.

Work shop

〈넷째 날〉

롤모델 찾기

• 하나님께서 나의 눈을 열어 나의 롤 모델을 보여 달라고 기도하라.

• 이 시대는 어떤 특정 유형의 사람들만이 세상을 이끌어 온 것은 아니다. 탁월한 재능과 지도력 등은 어디에나 빛을 발휘하기도 하지만, 세상을 바꾼 사람들은 너무나 의외의 길에서 나온 것을 역사는 말해 주고 있다. 또한 세상은 재력과 경험을 갖춘 나이 든 사람이 아닌 십대, 이십대, 삼십대 사람들에 의해 변화되기도 했다. 다음의 한 사람, 한 사람을 천천히 돌아보면서 어떠한 사람이 내 마음을 끄는지 생각하며 보기 바란다.

다음에 나오는 인물들은 참고할 대상일 뿐이다. 짧게 붙은 설명 또한 그 인물의 한 일면일 뿐 삶의 전체나 인격을 담지 않았고 순서는 무의미하다. 다만 우리 마음속에 꿈틀거리는 한 모델을 찾는 데 도움을 줄 뿐이다. 예수님이 그 리스트에 없는 이유는 그분은 우리 삶의 전체이시지 한 부분의 모델일 수 없기 때문이고, 지면과 시간상 많은 사람들을 담지 못했다. 여기에 제시된 사람들은 극히 일부분임을 인식하라. 자 그럼 한번 보자.

다른 사람들에게 긍정적인 영향을 미친 사람들

헬렌켈러 : 작가이자 사회사업가. 그녀는 태어난 지 19개월 만에 뇌척수막염으로 시각, 청각을 잃었으나, 같은 시각장애인이자 헌신적인 교사 설리번을 통해 교육을 받으며 모든 장애를 뛰어 넘어 사람들의 희망의 아이콘이 된 사람이다.

이순신 : 나라를 왜침으로부터 구한 조선의 해군 장수. 그의 전략과 분석력, 예지력은 군사력이 월등했던 왜군을 수차례 격파하였으며 그의 용맹과 충성심은 지금도 귀감이 된다. 모함을 받아 죄인이 되었던 그는 아무 계급이 없는 '백의종군' 으로 다시 싸움터에 섰던 충정의 사람이다.

나디아 코마네치 : 루마니아의 기계체조 선수. 14세에 몬트리올 올림픽 참석 10점 만점을 최초로 이루었다. 인간은 10점 만점을 이룰 수 없기에 전광판은 9.99까지만 표기되도록 되어 있어서 할 수 없이 1.00으로 표기했던 사건의 장본인. 그 이후 여섯번을 더 10점 만점을 받아 체조계의 신화가 되었으며, 혹독한 연습으로 자신을 다진 체조요정으로 세상 사람들은 기억한다.

리콴유 : 정치인. 말레이시아에서 태어나 싱가포르의 작은 도시를 말레시아로부터 분리해 내는데 성공해 총리가 되었으며, 화교, 인도인, 말레시아인을 통합하는 정책과 정치를 펼쳤고 가장 깨끗한 정치를 구현하여 가난한 제 3세계의 도시국가를 일류국가로 탄생시킨 사람이다.

마하트마 간디 : 비폭력 독립운동을 전개한 인도의 민족운동 지도자. 인도가 영국으로부터 독립하기 위한 운동을 펼치다가 여러 차례 투옥되기도 했으며, 독립 이후 힌두교와 이슬람교의 충돌로 많은 사상자가 나자 국부로 인식을 받던 그는 무제한 단식으로 생명의 위협까지 갔다. 그는 종국에 화해를 이루어 나라의 평화를 찾았으나, 이슬람의 편을 든다는 오해로 반대파에게 암살당하였다.

마르틴 루터 킹 : 미국의 목사, 정치운동가. 인종 차별제도가 폐지되었음에도 부당한 대우를 하는 정부와 사회에 반기를 든 실천가. 목숨을 걸고 그의 나이 34살에 했던 'I have a dream' 이란 연설은 많은 젊은이들의 가슴을 뛰게 했으며, 유색 인종 차별을 넘는 오늘의 미국 사회가 있도록 하는데 견인 역할을 한 사람. 하나님의 편에 있는 우리는 약속의 땅을 이미 믿음으로 보았다는 마지막

짧은 연설 후 암살당했다.

나이팅게일 : 영국의 간호사, 의료제도의 개혁자. 영국의 부유한 가정의 딸로 태어나 크림전쟁의 참상을 보며 감동을 받아 38명의 간호사를 데리고 이스탄불에서 야전병원장으로 활약하였으며 간호사 직제의 확립과 의료보급의 집중관리 등으로 효율을 높였으며 '광명의 천사'로 그녀의 헌신과 삶은 모든 간호사의 롤모델이 되었다.

스티브 잡스 : 미국의 기업가이며 애플 사(社)의 창업자이다. 매킨토시 컴퓨터를 선보이고 성공을 거두었지만, 회사 내부 사정으로 애플을 떠났다가 애플이 넥스트스텝을 인수하면서 경영 컨설턴트로 복귀했다. 애플 CEO로 활동하며 아이폰, 아이패드를 출시, IT 업계에 새로운 바람을 불러일으켰다. 개혁과 혁신의 아이콘이다.

빌리 그래함, 조시 맥도웰 : 빌리는 미국의 복음 전도자. 교단과 교파를 초월해서 복음만을 전하는 대중집회를 열어 세계적으로 복음을 전하며 가는 곳마다 수백에서 수천 명이 결신하도록 인도한다. 1950년 빌리 그래함 전도협회를 창설한 후 수천 번의 복음 대중집회를 인도했다. 조시는 같은 개신교의 복음 전도자로 특히 젊은 층에게 진리인 성경을 잘 가르치며 전 세계 대학을 돌며 4만회 이상의 세미나를 인도하여 올바른 진리를 전수하고, 수많은 젊은이를 그리스도께 인도한 영원한 청년처럼 강연자로 사역하고 있다.

닉부이치치, 김희야 : 극심한 장애를 이겨내어 낸 사람. 태어날 때부터 팔다리가 없었던 닉. 자살을 시도했던 시절이 있었지만, 지금은 전 세계를 순회하며 오히려 건강한 사람들에게 힘과 용기를 준다. 희야 씨는 어머니로부터 버림받고 얼굴에 큰 붉은 반점을 갖고 자랐고, 얼굴을 도려내야 하는 암수술을 받고도 극도의 긍정의 삶으로 승리한다. 성형수술을 해주겠다는 제안을 거부한 채 '나는 예쁜 여자입니다' 라는 책으로 감사의 삶을 도전한다.

세종대왕 : 백성을 사랑한 조선의 왕. 그가 펼쳤던 정책에 애민정신이 들어있다. 노비라 하더라도 함부로 다루지 않도록 노비의 처우를 배려했고, 관군 징집에도 기한 내에 돌려보내도록 세심한 마음을 썼고, 출산 휴가와 같은 그 당시 생각하기 어려운 부분까지 혁신적으로 백성을 배려했다. 그 마음이 있었기에 백성들이 읽을 수 있는 오늘날의 한글을 비밀리에 창제 할 수 있었다.

아브라함 링컨 : 신앙과 정치를 기도로 연합시킨 미국 대통령. 가난한 어린 시절을 보냈으나, 이웃에서 빌려와 읽은 책 특히 성경으로 그의 삶을 무장했으며 원숭이 같다는 외모의 놀림을 유머로 승화시키는 넓은 아량으로 수차례의 낙선에 낙선을 거듭하다 결국 미국 16대 대통령에 당선되어 노예해방 선언을 이룬 기도의 대통령이다.

차인표, 김장훈, 김우수 : 기부천사로 알려진 사람들이다. 자신의 재능(배우, 가수)을 통해 더 많은 사람에게 소외된 사람, 도움이 필요한 사람을 알려서 서로 알지 못했던 사람들을 연결하며 정부나 기관에서 할 수 없는 일을 해내고 있다. 특히 유명인도 아닌 김우수 씨는 주말에만 음식배달을 할 수 있는 직업을 가진 극빈자였음에도 자신처럼 고아로 자라는 어린이들을 후원을 하다 세상을 떠났기에 사회에 큰 감명을 주었다.

김난도, 유재석 : 김난도 씨는 서울대학 교수로 해마다 올해의 트렌드를 키워드로 발표하여 사회를 읽는 눈을 세상에 알리는 사람이다. 유재석 씨는 국민 MC로 남녀노소 누구나 편히 볼 수 있는 쇼를 제공한다. 이 두 사람의 공통점은 세상과의 탁월한 소통이다.

오프라 윈프리 : 토크쇼의 여왕. 그녀가 진행하는 쇼에 등장하는 사람들, 책들, 물품, 이슈는 곧 세계인의 이슈가 된다. 해박한 지식과 박력과 재치 있는 입담은 그 쇼를 보는 이들의 마음을 시원하게 해준다. 어린 시절 상습적인 성폭행을 당했던 자신의 암울한 과거를 털어 놓으면서도 "So what?" (그래서 어땠다는 거냐?) '오늘의 나는 나일 뿐' 이다고 발언해 과거의 상처를 안고 사는 사람들에게 새 삶을 살도록 도전을 하는 방송인이다.

박지성, 강수진, 김연아 : 역경과 콤플렉스를 넘어선 승리의 스포츠인들이다. 박지성 씨의 평발은 축구를 하기엔 너무나 불리했었고, 발레리나 강수진 씨의 구부러지고, 상처투성이의 발 사진은 그녀의 피나는 연습이 오늘의 발레리나 강수진으로 만들었음을 보여준다. 김연아 씨는 우리나라로서는 미개척 분야인 피겨스케이팅을 세계적인 위상으로 올려놓아, 지원되지 못한 환경과 약한 인프라를 노력과 인내로 극복해 낸 스포츠인이다.

그외 가족, 친구, 선생님, 성경인물, 방송인, 성직자, 탐험가, 운동선수, 사진작가, 배우, 가수, 정치인, 의사, 판사, 예술가 등을 더 떠올려 보라.

실행

1. 아래의 표에 16명의 명단을 기입하라. 존경하는 사람, 닮고 싶은 사람, 좋아하는 사람, 부러운 사람, 남에게 소개해 주고 싶은 사람을 순서 없이 16명을 마음속에 떠올려 채우라. 꼭 유명인이 아니라도 좋다. 가족도, 교회 안의 사람도, 이미 이 세상 사람이 아닌 사람, 나보다 어린 사람, 혹은 이름을 모르는 사람, 영화 속의 인물, 책 속의 인물도 괜찮다. 16명의 선택이 중요하다. 천천히 묵상하며 적으라.

2. 16명 중에 5명을 선택하라. 내가 흉내 낼 수 있거나, 흉내 내고 싶은 요소를 가지고 있거나, 내 마음에 그렇게 꼭 되고 싶은 인물을 선정하여 그 이름 위에 동그라미를 치라. 신중하게 고르라.

3. 5명 중에 2~3명을 마지막으로 고르라. '내가 이 사람처럼 되면 정말 의미 있겠구나, 하나님이 기뻐하시겠구나' 하는 사람에 별표를 하라.

4. 최종으로 골라진 2~3명의 공통점을 찾으라. '왜 나는 이 사람을 선택했을까? 어떤 요소가 내 마음을 끌었을까?' 잘 생각하여 정리해 두라. 여기가 오늘의 핵심이다.

Work shop

〈다섯째 날〉

나의 열정주머니 발견하기

- 오늘도 하나님께서 비전을 보여주시도록 기도함으로 시작하라.

- 영상을 보는 대신 과거를 돌아보고 미래를 생각하는 시간을 갖는다.

오늘은 내 속에 심겨진 나의 관심과 열정을 발굴하는 아주 기쁜 날이다. 내가 좋아하고, 가슴 뛰었고, 중독될 정도로 좋았던, 좋아할 일을 생각해 보도록 한다. 작업을 하기 전에 전제 조건이 있다. 내 가슴이 뛴다고 다 좋은 일이 아니다. 중독 가운데는 게임, 알콜, 담배, 성 등 나를 망치게 하는 것들이 더 많다. 질문에 답을 하기 전에 다음 두 기준을 잘 숙지하라.

첫째 기준, 그 일이 나를 해치는 것이면 안 된다. 자기를 의미 있는 일에 희생하는 것과는 다르다. 무의미하게 자신의 삶을 축내는 일을 내가 선택하고 난 뒤에 좋은 일이라 할 수 없다. 우울, 고립, 자살로 이어질 일들은 아무리 나를 흥분하게 한다 해도 나를 해치는 것들일 뿐이다. 둘째 기준, 남을 해치거나 사회에 악을 행하는 것도 안 된다. 그것은 결국 나를 해치는 것이기도 하고 정상적으로 가슴이 뛰는 것도 아니다. 이해가 됐으리라 믿고 진행해보자.

1. 인생 도표 그리기

아래의 도표에 지금까지 살아온 삶을 추억하면서 +, - 로 삶의 그래프를 물결모양으로 연결하며 그려 보라. 가령 아파서 입원하였다면 -, 기쁘고 축하할일이 있었다면 +로 나이별로 점수에 점을 찍고 연결하여 자신의 지나온 길을 잠시 회상해 본다.

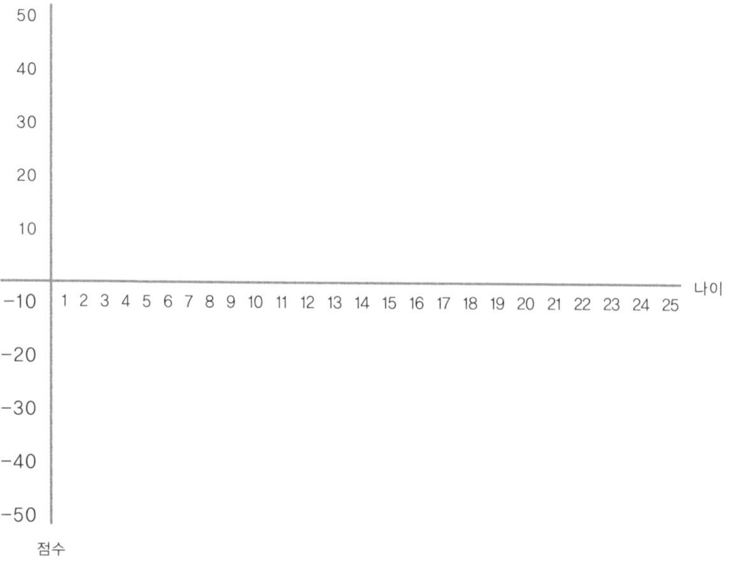

2. 질문에 차분히 답하기

삶을 뒤돌아보았는가? 몸과 마음이 아팠던 시절, 내가 최고인 줄 알았던 시절, 추억거리, 즐거움, 슬픔, 상처 모두가 다 내 삶이다. 그것을 다 가슴에 안고 다음에 답해보자.

1) 나는 어떤 칭찬을 들었을 때 가장 기분이 좋은가? (어떤 사람은 성실하다는 칭찬을 들으면 좋아한다. 어떤 사람은 잘 완성했다는 말에 훨씬 감동한다. 어떤 사람은 창의적, 독창적이다는 칭찬을 더 좋아한다. 당신은 어떤 칭찬에 힘을 얻는가?)

2) 어떤 일을 회상 혹은 상상할 때 가장 행복한가? 계속 그 상태가 되었으면 하는 일은 무엇인가? (다른 사람들에게 깨달음을 줄 때, 어떤 사람의 생명을 살리는 일과 관련 되는 일을 할 때, 나의 한계를 극복했을 때, 다른 사람들이 못했던 일을 해 냈을 때, 글을 쓰며 뭔가를 정리할 때, 남을 위한 선물을 준비하고 놀라게 했을 때 등등 자신의 것을 찾아보라.)

3) 나는 어떤 일을 할 때 밤을 새워 본적이 있는가? 어떤 일을 할 때 시간가는 줄 몰랐나? 어떤 일에 미리 준비하고 기다리는가?

4) 나는 어떤 일, 사람에게 감동이 되는가? 가슴이 뛰는가? 눈물, 감성 폭발 포인트는 무엇인가? 아래의 두 예를 보면서 더 생각해 보자.

예1) 한비야는 지구를 세바퀴 돌 정도로 세계를 돌아다닌 사람이다. 그런데 미지의 땅을 가보는 것보다 그녀의 가슴을 더 뛰게 했던 일이 있었다. 아프리카 한 마을에 도착하니 긴급구호팀들이 도착해 기아상태에 있는 사람들을 돌봐주고 있었다. 한비야 씨도 영양실조로 자신의 고개를 못가누는 아이에게 미음을 먹이는 일을 맡았다. 시간에 맞추어 입에다 떠넣어 삼키는 것을 도와주던 3

일째 되던 날, 그 아이가 스스로 고개를 들더니 한비야 씨와 눈을 맞추었다. 그때 가슴이 뛰는 체험을 했다. 그 일 이후 한비야 씨는 여행을 접고 긴급구호 단체에 들어가 그 일을 하게 되었다.

예2) 지금 고3인 한 학생은 선생님이 되고 싶은 열망이 뚜렷했다. 언제 그 일을 하기로 결정했는지 그 계기를 물었다. 공부를 아주 잘하는 자신은 아니었지만, 모르는 부분은 선생님에게 묻고 또 묻고, 더 깊이 파다가 알아내는 성격이다. 자신은 ADHD가 있어서 하기 싫은 일은 너무 집중하지 못하는 경향이 심한데, 뭔가 알아내는 일을 너무 좋아한다는 것이다. 그렇게 깨달은 공부를 아직 모르는 친구들에게 쉽게 설명해주었을 때, 그것을 깨닫는 친구들의 표정을 보면 무한 행복에 젖어 든다는 것이다. 그 때 그 아이는 결심했다. 가르치는 일을 하자고.

5) 위의 네 가지 항목의 일들을 정리하고 공통점을 찾아보라. 뭔가 내 속에 정리 되지 않은 일들의 총합체가 점점 좁혀들 것이다.

〈여섯째 날〉

피드백 받기

• 오늘도 하나님의 기름 부으심이 있기를 기도함으로 시작하라.

• 오늘은 나를 더욱 깊이 발견하기 위해 주변의 도움이 필요한 날이다. '조하리의 창'이라는 것이 있다. 이론의 고안자인 Joe luft와 Hary Ingham의 이름을 따서 만든 이름이다. 이론은 단순하다. 사람에겐 네 가지 영역이 있는데, 나도 남도 아는 공개된 영역, 나만 아는 비밀영역, 남만이 아는 장님영역, 둘 다 모르는 미지의 영역으로 구분된다는 것이다. 지금까지는 내 속에 존재하는 것을 끌어내려 하였다면, 내가 모르는 맹인 영역을 발견해 보자. 나의 약점도 될 수 있지만, 약한 데서 오히려 강해지는 강점

을 볼 수도 있다. 심리학자 칼 융의 이론에 의하면 '열등감'이 에너지의 근원이라고도 한다. 그 열등감 혹은 약점이 발견되면 마음이 아플 수도 있지만 내가 더욱 깊이 발견되면 될수록 롱런을 할 힘을 얻는다는 것을 생각하라.

- 사람들에게 다음의 몇 가지 질문을 하며 기록하라. 단, 사람을 잘 선택하라. 어느 정도 진지하게 답해 줄 사람을 찾으라. 4명 이상에게 하는 것을 권하고 될 수 있는 한 당신을 잘 알 수 있는 사람을 택하라. 가령 가족, 친구, 선생님, 친척, 교회 사람 등 다양하면 더 좋겠다.

1. "나를 보면 떠오르는 동물은 무엇인가요? 왜 그런가요?" (사람에 대해 직접 표현하긴 힘들어도 동물로 표현하라면 더 쉽다. 그리고 같은 동물이라도 이미지를 다르게 갖고 있기에 꼭 이유를 확인해야 한다. 내 아내는 나를 돌고래 같다고 한다. 돌고래는 여러 이미지가 있다. 아내는 내게 사람을 기쁘게 하는 재주가 있다고 했다. 그것이 꼭 돌고래 쇼처럼 평화스럽

고 기쁨을 얻는다 한다. 내 자녀, 교회 사람 각각이 다른 동물을 이야기했지만 그 동물을 묘사한 이유엔 공통분모들이 있다.)

2. “내가 무엇을 하면 잘 할 것 같은가요? 강점이 무엇인가요? 혹은 거짓 없는 칭찬 한번 해주세요.” 모두 같은 질문이다. 한번 들어보라.

3. “이것만 고치면 참 좋겠다는 한 가지만 말해 주세요. 다 좋은데 이건 참 아쉽다는 것 한 가지만 말해 주세요.”

4. 위의 대답들을 종합하여 조하리의 창을 완성해보라. 특히 맹인영역을 발견할수록 득템을 한 것이다.

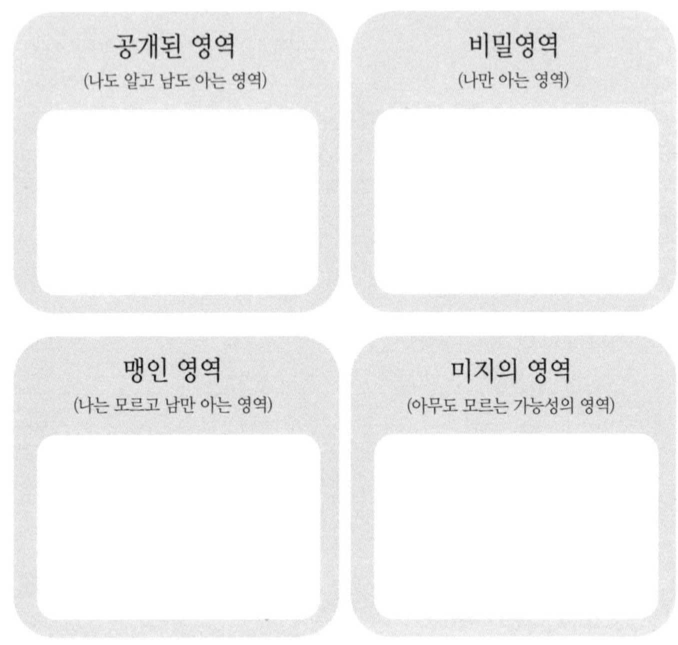

이 창을 완성하면서 나를 놀라게 한 부분이 있는가? 내가 나를 인식하는 것과 남이 나를 알고 있는 부분의 차이가 있는가? 내가 몰랐던 나의 가능성, 잠재력은 무엇인가? 그것을 활용한다면 무엇을 할 수 있겠는가?

Work shop

〈일곱째 날〉
내 인생의 하이라이트 장면 만들기

오늘은 안식일이다. 안식의 의미는 하나님의 창조 섭리 안에 내가 있음을 알고 하나님을 내 인생의 주인으로 인정하는 것을 말한다. 나의 주인 되신 하나님을 찬양하고, 나는 그의 영광을 받아 반사하기 위해 존재함을 기억한다.

지난 워크숍 1~5까지의 내용을 돌아보며 내 가슴에 떠오르는 미래의 한 장면을 상상하며 그것을 묘사해보라. 문장은 10~20문장 정도로 하되, 내 꿈이 이루어진 그 장면이 될 만한 것을 상상하며 생동감 있게 쓰는 것이다.

예를 보여주고 싶다. 영화 '국가대표'를 본 적 있는가? 동네 찌질이들이었던 5명의 젊은이들이 군대를 면제 받기 위해, 자신을 버렸던 어머니를 찾기 위해, 자기를 깔고 뭉개는 아버지 앞에 서기 위해, 여자 친구의 마음을 사기 위해 남은 혼신을 다해 스키 점프하던 마지막 장면은 가히 감동적이다. 코치가 점프하기 직전 주장인 차헌태에게 마지막 한마디를 날린다. "다 죽여 버려!" 각 선수들은 자신 마음속의 미움, 원한, 콤플렉스를 다 공중에 날리며 점프한다. 보는 우리도 가슴 설렌다. 그들이 완전히 꿈을 이룬 것은 아니지만, 그들 마음에 이미 꿈을 이루고 있는 것이기 때문이다.

(국가대표)

바로 그 마지막 장면 같은 것을 쓰는 것이다. 내가 수영에 관심이 있다면 이렇게 써보라. "○○○선수 지금 결승점을 향해 마지막 스퍼트를 하고 있습니다. 골인 지점 얼마 남지 않았습니다. 올림픽 금메달을 눈앞에 두고 있습니다. 이제 마지막 10미터, 5미터, 1미터. 결승점 터치… 세계신기록입니다. 아시아인 최초로 올림픽 수영종목에서 세계신기록을 수립했습니다. 정말로 대단합니다. 오늘의 이 결과를 위해 얼마나 많은 피 눈물을 삼켰을까요? 이제야 그 노력이 빛을 보게 되었습니다. ○○○선수 이제 메달을 수상하러 단으로 나오고 있습니다. 자랑스럽습니다. 고국에 계신 시청자님들을 위해 시상식 후 ○○○선수와 인터뷰를 하겠습니다…." 이런 식으로 쓰라. 주의 사항은 그 장면을 쓰면서 가슴이 뛰어야 한다는 것이다. 꼭 유명인이 될 필요는 없다. 숨어서 정말 남모르게 하나님만 아는 일을 하는 사람이라도 좋다. 내가 성공하는 것이 아니라 타인을 세우는 것이라도 좋다. 단 반드시 글을 쓰는 동안 마음의 흥분이 있어야 한다. 그리고 믿어라. 하나님이 당신을 세상에 보내신 이상 반드시 아주 잘하는 것 한 가지는 주셨다.

글이 완성되면, 잘 프린트해 책상 앞에 붙여 놓고 자주 들여다보라. 이 꿈이 하나님이 주신 것이라면 하나님의 영광을 위해 이루어지게 해달라고 기도하라.

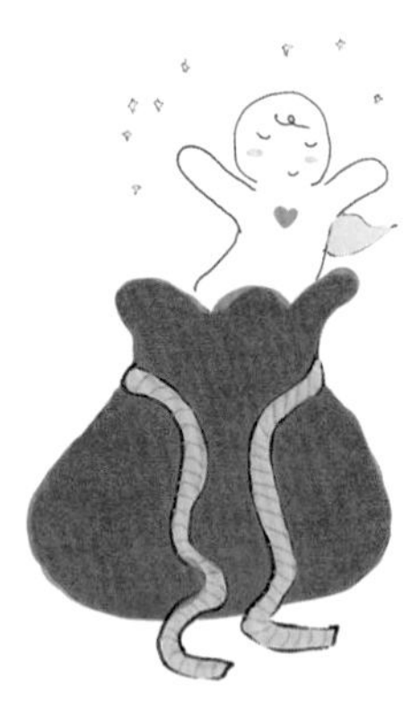

내 인생의 하이라이트